Badke, Otto

Das italienische Volk im Spiegel seiner Volkslieder

D1726845

Inktank publishing

Badke, Otto

Das italienische Volk im Spiegel seiner Volkslieder

Inktank publishing, 2018

www.inktank-publishing.com

ISBN/EAN: 9783747774977

Das

italienische Volk

im Spiegel seiner Volkslieder

von

Otto Badke.

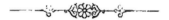

BRESLAU.

Druck und Verlag von S. Schottlaender.

1879.

Meinem

t h e u r e n V a t e r

aus kindlicher Liebe und Dankbarkeit.

Umschau.

Wer längere Zeit in Neapel gelebt hat wird im Herbst eines jeden Jahres ein neues Lied gehört haben, das die Bevölkerung mit Vorliebe singt, ja auf das sich mit einem Male alles Denken und Dichten concentrirt zu haben scheint. Es sind Vorstudien zum, und Nachklänge[1]) vom Feste der Madonna in Piedigrotta. Nach allem, was ich aus früherer Zeit über die Feier dieses Festes gehört habe, hat es, seit die Pfaffenherrschaft in Italien gebrochen worden, wie fast alle anderen italienischen Kirchenfeste, seinen einstigen Glanz verloren. Trotzdem haben sich noch jetzt bei seiner Feier so viele alte Gebräuche erhalten, dass der aufmerksame Zuschauer überall das Alterthum unter der Maske des Christenthums hervorblicken sieht. Jedem wird es klar werden, dass er es hier nicht mit einem vom Christenthum neu eingesetzten, sondern einem dem Boden und Klima, dem Leben und den Sitten der alten heidnischen Vorfahren entwachsenen Feste zu thun hat. Und wenn

---

1) Die Zahlen beziehen sich auf die Erläuterungen.

das Fest auch als Aushängeschild den Namen der Madonna in Piedigrotta trägt, so ist es eigentlich doch nichts weniger als ein Kirchenfest, wie ja überhaupt hier ein jedes Kirchenfest mehr oder weniger den Charakter eines deutschen Schützenfestes trägt[2]. Statt der Stille, mit der wir ein christliches Fest zu begehen pflegen, begegnen wir überall dem rauschenden Lärm und der Lebensfreude der antiken Welt. Die bacchantischen Aufzüge, das Schreien und laute Treiben, der Gesang und die Begleitung desselben auf den eigenthümlichsten und rohesten Musik-Instrumenten, unter denen die sogenannte „Scetavajasse" eine Hauptrolle spielt, die Volkstänze, alles dies klingt wie ein Echo des Alterthums zu uns herüber, und würde, wenn man es überall genau historisch verfolgen könnte, manche interessanten Aufschlüsse über antikes Volksleben liefern.

Obwohl es sich schwerlich angeben lassen wird, auf welches antike Fest das christliche gepfropft wurde, denn vielleicht war es ein Localfest der alten Napoletaner, so wird es mit demselben doch ähnlich stehen, wie mit dem Weihnachtsfest in Deutschland. Allerdings soll das letztere ja schon im zweiten Jahrhundert in Antiochia gefeiert worden sein. Seine Lage im Jahr war wahrscheinlich nach dem 25. März, dem Tage von Mariä Verkündigung, bestimmt worden. Als das Fest aber der jungen deutschen Kirche bekannt wurde, sahen die Priester ein, dass es sich leichter einführen lassen werde, wenn man es dem alten Julfest, das zur Zeit der Wintersonnenwende gefeiert wurde, anhänge. Als nun allmälig die christlichen Elemente über die heidnischen den Sieg davontrugen, verschwand wohl zum grössten Theil der alte Name, doch nicht die uralte Sitte; noch heute nennt man in Vorpommern und Mecklenburg, sowie in Schweden, das Fest Julfest; das Geschenk trifft dort noch unter dem Namen Julklapp ein, und das Schlachten der Schweine vor Weihnacht, sowie die Kuchen in Gestalt von Ebern am Weihnachtsbaum erinnern noch jetzt an das Schweinsopfer, das man dem Freir darbrachte.

Wir können mit gutem Grunde annehmen, dass es sich mit dem Feste in Piedigrotta ähnlich verhält.

Alljährlich wird für dieses Fest ein Lied gedichtet und componirt. Schon wochenlang vorher wird es als Flugschrift in den Strassen verkauft, die Drehorgeln nehmen es auf ihr Repertoir; wenn das Fest herannaht, kennt es Jedermann, und am Abend des achten September wird es von Jedem gesungen, gepfiffen oder gespielt.

Diese Lieder beziehen sich keineswegs immer auf das Fest selbst, am allerwenigsten haben sie einen religiösen Inhalt. Ihre Themata sind die verschiedenartigsten von der Welt: Liebeslieder, Spott- und Scherzgedichte, in ihren Kreis wird alles hineingezogen, was das Herz des Volkes bewegt. Dies sichert Ihnen von Anfang an eine längere Dauer, als ein ephemeres Leben für die Festzeit. Ich erinnere nur an das schöne Volkslied: „Pecche quanno mme vide" [3]), das bekannter ist unter den Anfangsworten des Refrain: „Jo te voglio bene assaje", das

a* .

in den vierziger Jahren zum ersten Male zum Piedigrottafest gesungen wurde, jetzt aber schon lange in ganz Italien heimisch ist:

Diese Lieder bleiben auch durchaus nicht auf Neapel beschränkt. Wenn sie über die Stadt hinausgehen, so schlagen sie gewöhnlich erst die Strasse nach dem Süden ein, denn dieser, namentlich Calabrien und Sicilien, hängt mit Neapel seit Jahrhunderten in Geschichte und Sprache zusammen. G. Pitré macht in seinen „Studj di poesia popolare" eine interessante Bemerkung über diese Wanderungen, die ich hier nicht übergehen möchte. Er sagt S. 298 ff.:

„Unter den neuen Liedern, die von Zeit zu Zeit von ausserhalb nach Sicilien zu kommen pflegen, befindet sich manchmal eins, das sich von den anderen durch einen gewissen Frohsinn der Melodie und durch eine besondere Diction unterscheiden lässt. Jedermann hört es mit Vergnügen, Jeder lernt es mit Leichtigkeit, und in wenigen Tagen hat das neue napoletanische Volkslied Herz und Mund des ganzen sicilianischen Volkes gewonnen."

„Im October des Jahres 1870 konnte ich aufmerksam den Lauf eines dieser Lieder verfolgen, das frisch von Neapel herübergekommen war."

„Als ich in den ersten Tagen jenes Monats von Palermo fortging, liess ich dort, wenn auch nur seit sehr kurzer Zeit bekannt, das „So masto Raffaele" als Volkslied zurück. Kaum war ich in Messina angekommen, so fand ich, dass man es dort schon kannte. Ich ging nach Catania und hörte es dort mit demselben Feuer singen, und wenige Tage später vernahm ich es in Syrakus von einem Schwarm froher, junger Mädchen in der Nähe der berühmten Kirche S. Giovanni, und auf demselben Wege zurückkehrend ferner in Giarre. Am Aetna und in Taormina hörte ich das graziöse und lebhafte Lied aus dem Munde verliebter Winzerinnen und lustiger junger Burschen, so dass ich mich nicht enthalten konnte, auszurufen: „O, wunderbare Gewalt der Sympathie eines Liedes, das zum Volkslied geboren ist."[4])

„Ein neues napoletanisches Lied, das sich in Sicilien verbreitet, hat das Feld für seine Popularität so lange, bis ein anderes kommt, um ihm seinen Platz zu nehmen. Dann verstummt es wohl, doch stirbt es nicht, denn es kann durch irgend eine Veranlassung dahin kommen, dass es das Feld wieder erobert und ohne Hinderniss Berge, Felder und Meer von neuem durchläuft. Wenn heute, während ich dies schreibe, Männer und Frauen aus dem Volk fortfahren, die Melodie des „Masto Raffaele" zu singen, so haben sie doch das Lied, welches ihm voraufging, nicht vergessen:

> Quanno nascisti tu, Ninnella, cara,
> Stu cori lu mittisti in tanti peni;

noch das ältere:

> Mariannina stá malata
> Sta malata c'un duluri.

Sie erinnern sich noch mit Vergnügen des Refrains:

> Carminella, Carminé,

und der Melodie des Cardillo:

> Jo tengo 'no bello cardillo,
> Quante cose che ci aggio imparato

und der von der Palummella bianca, welchem Liede
einst eine politische Färbung gegen die frühere
Regierung gegeben wurde.

La palummella bianca
Mi muzzica lu piedi.

Und um nicht noch mehrere zu citiren, erwähne
ich noch das Lied, das Cantù zum ersten Male 1840
in Neapel hörte:

Jo ti voglio bene assai.

„Es ist nicht der Fall, dass diese Volkslieder
und noch viele andere, immer vollständig gelernt
und gesungen werden: nein, es kommt oft vor, dass
bei vielen nur die ersten Strophen im Gedächtniss
sitzen bleiben: aber ich behaupte, dass die Ge-
schichtenerzähler (cantastorie), welche diese Lieder
vielleicht zuerst kennen lernen, sie bis zum letzten
Verse behalten, und immer bereit sind, sie zu singen,
wenn nach gethaner Arbeit. die eingesammelten soldi
sie für die verlorene Zeit und ihr Geklimper be-
lohnen."

Bei vielen dieser Lieder kennt man noch die
Namen der Dichter. So stammt z. B. das oben er-
wähnte „So Masto Raffaele" von dem ausgezeich-
neten Pulcinella des Teatro S. Carlino in Neapel,
Antonio Petito, der im Jahre 1875 plötzlich während der Vorstellung auf der Bühne starb. In der
letzten Zeit hat besonders Guglielmo Cottrau in
Neapel in genialer Weise Volksdichtung und Com-
position dieser Lieder gepflegt. Aber bei hunderten
derselben geht der Name des Dichters und Compo-
nisten spurlos verloren, und sind erst einige Lustren

über das Lied dahingegangen, so weiss niemand mehr, von wannen es gekommen.

Wir haben hier einen Blick in die Entstehung des Volksliedes gethan. Es ist ein Unding, sich dieselbe vor Jahrtausenden, im grauen Alterthum, anders zu denken.

Jede Kunst ist aus dem Bedürfniss des täglichen Lebens hervorgegangen. Auch die Kunst der Rede war anfänglich, wenn auch nicht gerade ein Product, so doch vornehmlich eine Dienerin der Nothwendigkeit. Sie ist vor allen Dingen Vermittlerin des menschlichen Denkens und Willens zwischen Mensch und Mensch. Da sie ihrer Natur nach aufs engste mit dem Denken verbunden ist, so geht sie bei keinem Volke in Bezug auf Wortschatz und Reichhaltigkeit der Formen über den Kreis seiner Gedanken hinaus. Als die Römer die griechische Philosophie kennen lernten, war bei ihnen selbst auf diesem Gebiet noch so gut wie gar nichts gethan worden. Mit dem geistigen Inhalt dieser Wissenschaft, der als ein ganz neuer, dem römischen Geiste bis dahin unbekannter bezeichnet werden kann, wanderte auch die ganze philosophische Nomenclatur von den Griechen zu den Römern. Die meisten Fremdworte in den einzelnen Sprachen finden auf diese Weise ihre historisch-richtige Erklärung und Rechtfertigung. Aber des Menschen geistiges Wesen offenbart sich in der Sprache doch immer nur unvollkommen; besonders kommt das Gefühl in ihr nicht mehr unmittelbar zum Ausdruck. Allerdings soll und muss uns die Diction und der Vortrag einer

Rede über das Gefühl des Vortragenden aufklären, aber dies kann nur insoweit geschehen, als das Gefühl mit dem Denken Hand in Hand geht. Der unmittelbare Ausdruck des Gefühls aber eñthüllt sich nicht sowohl in der Sprache, als in der Geste, der Miene und im Gesange. Je mehr in einer Rede das Denken zum Ausdruck kommt und in den Vordergrund tritt, desto mehr kann die Sprache und der Vortrag jene malerischen Elemente entbehren. Je mehr aber das Gefühl im Vortrag zur Darstellung gelangen soll, desto unerlässlicher wird es, die Rede durch Gesten, Geberden und Modulation der Stimme zu unterstützen. Zum kunstmässigen Ausdruck gelangt das Gefühl daher vornehmlich im Gesange. Was der gesprochene Laut nicht zu fassen vermag, was das Denken selbst nicht enträthseln kann oder im besten Falle nur in trockene Begriffe und Kategorien zerlegen könnte, das geheimnissvolle Wesen des Menschen, das er an sich selbst nicht zu erfassen im Stande ist, das aber dennoch mächtig nach Offenbarung und Mittheilung ringt, es enthüllt sich im Gesange. Man kann daher das Reich der Laute als die Sprache des Geistes und Verstandes, das Reich der Töne als die Sprache des Gefühls bezeichnen. Wie manchem guten Liedertext, der an und für sich und in Verbindung mit einer bestimmten Melodie, schon im Stande ist, uns ein recht lebendiges Bild von der Gemüthsverfassung eines Menschen zu entwerfen, folgt noch eine Melodie nach, die nur gejodelt wird; sie setzt dem Ganzen erst die Krone auf. Was da noch unvollkommen blieb in der Darstellung des Gefühls, — nun werden alle Lücken in dem Umriss ausgefüllt, und das Bild einer gewissen Gefühlsrichtung ist treu und umfassend zur Darstellung gelangt.

Es ist wohl keine Frage, dass das Gefühl im Menschen sich früher zur Blüthe entfaltet hat, als das Denken, denn das Gefühl geht direct auf die sinnliche Wahrnehmung zurück, es wird durch sinnliche Eindrücke dem Menschen oft selbst unbewusst erregt, während das Denken erst auf der Combination dieser Eindrücke und dem Bewusstsein von dem Grunde der Zusammengehörigkeit gewisser Vorstellungen beruht. Natürlich handelt es sich hier zunächst nur um das sinnliche Gefühl, nicht um die intellectuellen Gefühle, die nur in einer denkenden und wollenden Seele entspringen können, und daher recht eigentlich als die höchste und vollendetste Form der Offenbarung des menschlichen Geistes- und Seelenlebens anzusehen sind.

Der einfachste Ausdruck des Gefühls steht in der That auch noch bei gebildeten Völkern auf einer Mittelstufe zwischen Sprache und Gesang, Miene und Geste. Eine Interjection im Vortrag der gewöhnlichen Rede, ohne Modulation der Stimme, ohne Begleitung durch Miene und Geste kann kaum als scharfer und bestimmter Ausdruck eines bestimmten Gefühls angesehen werden, wenn nicht schon die Tradition einem solchen Wort eine genaue und bestimmte Deutung gegeben hat. Aber selbst dann noch kann ein und dasselbe Wort, ja selbst ein unartikulirter Laut in wechselnder Hervorbringung zur

Kundgebung der verschiedenartigsten Gefühle benützt werden, wenn auch schon in den meisten Fällen die Interjection als blosses Wort gewöhnlich aus einer solchen Lautverbindung besteht, die dem betreffenden Gemüthszustande am entsprechendsten ist. Am deutlichsten zeigt sich dies in den sich entgegenstehenden Aeusserungen der Freude und des Schmerzes. Die Freude jubelt in kurzen, hellen Vocalen auf, der Schmerz klagt in langen, anhaltenden' dumpfen Tönen. Aber das Lachen und Weinen genügt allein noch nicht zum vollen Ausdruck des Gefühls. Das Wort mischt sich mit in das Jubeln und Klagen, aber gewöhnlich nicht in zusammenhängender Rede, sondern im kurzen Ausruf, immer wechselnd, wie es gerade der augenblicklichen Gemüthsstimmung entspricht. Und so giebt es noch viele Volkslieder, — ich erinnere hier beispielsweise nur an die Wiegenlieder — in denen ein rein musikalischer, oder auch mit Worten verbundener Refrain immer wiederkehrt und den kurzen Sätzen der Lieder gleichsam eine gleichmässige und bestimmte Färbung giebt.

Laute und Töne, Mienen und Gesten stehen bei einem uncultivirten Volke noch in viel engerer Beziehung zu einander als bei gesitteten Nationen; sie sind noch nicht scharf von einander geschieden. Keinem ist sein bestimmtes Feld zugewiesen; in buntem Gemisch dienen sie alle zur äussern Kundgebung und Mittheilung der Stimmungen des menschlichen Gemüths. Es mussten sich erst bestimmte Veranlassungen bieten, bei denen dieses oder jenes der vier Elemente in hervorragender und charakte-

ristischer Weise zum Ausdruck gelangen konnte und
musste. Das Wort aber behielt fast überall seine
Stelle, denn in diesem offenbart sich gleichsam die
historische Veranlassung des zur Darstellung und
Mittheilung kommenden Gefühls. Das Wort dient
dem Schmerz und der Freude, aber die Klage begleitet das Weinen und Händeringen, den Jubel
lebendiges Mienenspiel und Tanz.

So lange der Mensch noch vorwiegend Gefühls-
mensch und nicht Denker ist, — und das sind un-
kultivirte Menschen immer, — so lange geht auch
die Sprache nicht weit über das Bedürfniss gegen-
seitiger Verständigung im gewöhnlichen Leben hinaus. Nur bei aussergewöhnlichen Veranlassungen
überschreitet sie diese Grenze, denn diese zwingen
den Menschen, rückwärts oder vorwärts über den
Augenblick hinweg zu schauen.

Der Tod reisst einen geliebten Angehörigen
weg. Wird man da nicht an dessen Leben und die
eigenen Beziehungen zu dem Verstorbenen zurück-
denken? Wird man nicht alles das beklagen, was
man mit ihm für immer verloren hat, und wird diese
Rückerinnerung sich nicht in Worten offenbaren und
das Weinen und Schluchzen unterbrechen?

Dem andern bietet sich ein unerwartetes Glück.
Wird er nicht auf seine verschwundenen Leiden
zurücksehen, und sollte ihm die Zukunft nun nicht
rosiger erscheinen als die Vergangenheit? Sollten
sich seine Gefühle nicht in Worten offenbaren und
sich in den Jubel mischen? Ein tapferer Mann hat
die Familie, sich selbst, die Gemeinde durch kühne

That vor einem drohenden Unheil gerettet. Sollte,
man von ihm nicht erzählen und seinen Ruhm verkünden? — Genug, der Anlässe boten sich schon
bei den rohesten Völkern so mannigfaltige, in denen
der Mensch dem Menschen sich über das gewöhnliche
Mass mitzutheilen bestrebt war, dass man schon
frühzeitig über das Nothwendige zu dem Angenehmen
hinauskam. Zu der Prosa des Lebens, die nur das Alltägliche und Nothwendige in ihren Kreis zog, kam nun
eine, wenn auch immerhin rohe, so doch hinreichend
charakteristische Poesie desselben hinzu, die über die
Gegenwart und das tägliche Bedürfniss hinaus ging und
das Aussergewöhnliche in ihre Betrachtung zog. Und
diese Poesie entstand überall da, wo sich der Mensch
über das Gewöhnliche und Alltägliche erhoben fühlte,.
wo er gleichsam mit einer höheren Welt in Verbindung gesetzt wurde, die er ahnte. Diese erhobene,
Stimmung hatte nun wiederum ihren Einfluss auf die
Darstellung der Affecte. Die Sprache suchte nach
Ausdrücken, die Kehle nach Tönen, die Muskeln
und Glieder nach Bewegungen, die dem Affect die
vollendetste Darstellung geben konnten. Unwillkürlich
kamen so die einzelnen Affecte zu einer bei der
gleichen physischen und geistigen Veranlagung des
Menschen sich leicht herausbildenden gleichen oder
ähnlichen Form der Darstellung; es offenbarte sich
in diesen Darstellungen ein gewisser Rhythmus, der
der Natur des Darzustellenden angemessen war.

So kam man zu den ersten Anfängen der Poesie.
Worte und Töne, Mienenspiel und Gesten sind in
ihr noch verbunden, nur je nach dem dargestellten

Affect tritt eines oder das andere jener Elemente in den Vordergrund. Nicht vollendete künstlerische Form, kein vollständig gesetzmässiger Rhythmus, nicht der Reim oder eine bestimmte, feststehende Melodie sind die äussern Kennzeichen derselben; vor allen Dingen ist es der über das Gewöhnliche hinausgehende Stoff, der sich in jenen Darstellungsformen offenbart. Deshalb hat auch die Poesie bei den verschiedenen Völkern so grundverschiedene Formen angenommen. Bei dem einen Volk besteht sie in kurzen Strophen ohne Rhythmus und Reim, die aber auf bestimmte Weise unter Tanz und Gesang vorgetragen werden. Bei dem andern besteht sie in der Wiederholung desselben Gedankens, auch wohl in antithetischer Form, bei dem dritten folgt sie einem ganz bestimmten, wohlgegliederten Rhythmus, bei einem andern kennzeichnet sie sich durch den Reim oder durch eine erhobene Sprache, — überall aber ist sie die erste sprachliche Kunstschöpfung, denn bei allen Völkern geht die Ausbildung der Poesie der künstlerischen Behandlung der Prosa vorauf.

Aber nicht einem Jeden war es gegeben, ein Dichter zu sein. Zwar ist es jedem Menschen Bedürfniss, in der Freude zu jubeln und im Schmerz zu klagen, und die Sonnennähe eines grossen Mannes reisst auch das kälteste Herz, oft wenigstens für Augenblicke, zur Begeisterung. Aber was dem einzelnen Individuum als Ausdruck des Affects für den Augenblick genügt, das ist darum noch nicht fähig, in anderen dieselben Affecte zu erregen, zumal wenn diese anderen Individuen nicht unter der Einwirkung des diesen oder einen ähnlichen Affect hervorbringenden Factums stehen. Die wahre Kunst aber soll dies' Vorrecht haben. Sollte mithin die irgend einen Affect darstellende Rede ein Kunstproduct werden, so musste sie fähig sein, ein jedes Herz ähnlich oder gleich zu ergreifen, wie das Herz des Redners ergriffen war, als er seinen Gefühlen Ausdruck verlieh. Dies konnte sie aber nur dann, wenn sie sich an das allgemeine Menschliche wandte, wenn sie die Natur des menschlichen Herzens scharf im Auge behielt, und nur solche Seiten desselben anschlug, die ihr Echo in jeder fühlenden Brust finden konnten.

Wenn wir auch annehmen müssen, dass die ersten Dichter diese Anforderungen an ihre Hervorbringungen nicht stellten, wenn auch die ersten poetischen Producte entschieden mehr subjectiver als objectiver Natur gewesen sein müssen, so wurde ihnen doch der Stempel der Objectivität bald aufgedrückt, wenn sie von Mund zu Mund weiter wanderten. Das Lied behielt nicht die Form, welche ihm der Dichter gegeben hatte. Es war ein flüssiger Stoff, der noch überall der Umbildung fähig war. Jeder that das hinzu, was er noch vermisste, und nahm das fort, was ihm nicht behagte. Dieser Mangel einer abgeschlossenen Form zeigt sich bei den Volksliedern oft noch bis in die neueste Zeit hinein. Wenn auch jedes Volkslied auf einen bestimmten Dichter zurückgeht, und einen bestimmten Vater hat, so hat doch das Lied niemals das ihm ursprünglich mitgegebene Gepräge ganz getreu bewahrt; Jeder,

der es kennen lernte, modelte es willkürlich oder unwillkürlich, und es gibt fast kein Volkslied, das .
nicht hunderte von Varianten aufzuweisen hätte.

Die Möglichkeit, ein von einem Dichter gesungenes Lied in diesem Grade umzuwandeln, war
vornehmlich durch den Mangel der Schrift gegeben.
Die Poesie ist viel älter als die Schrift. Die Kunst
des Schreibens entstand erst dann, wenn die Summe
der wichtigen und für das Leben nützlichen Thatsachen so gross geworden war, dass sie das Gedächtniss nicht mehr sicher oder zuverlässig aufbewahren konnte. Aber auch dann fand die Schrift
noch auf einem sehr engen Gebiet Anwendung.
Wir haben tausende aegyptischer Inschriften, Gesetze, öffentliche Bekanntmachungen, kurze historische
Aufzeichnungen etc., aber in der grossen Zahl dieser
schriftlichen Denkmäler aus zum Theil uralter Zeit
finden sich nur wenige Aufzeichnungen sprachlicher
Kunstschöpfungen. Auch diese Kunst diente vornehmlich der Nothwendigkeit.

Die Ueberlieferung sprachlicher Kunstschöpfungen war nur auf das Gedächtniss angewiesen. Das
Gedächtniss scheint bei Völkern, die des Lesens und
Schreibens unkundig sind, Staunenswerthes zu leisten.
Es wird durch nichts Unwichtiges überlastet und
hält daher wichtige Sachen mit ausserordentlicher
Genauigkeit fest. Diese Bemerkung habe ich namentlich oft in Süditalien gemacht, wo der grösste Theil
des niedern Volks weder schreiben noch lesen kann
und doch alle wichtigen Ereignisse aus dem eigenen
Leben und aus der Geschichte seiner nächsten Um-

gebung mit der grössten Sicherheit für's ganze
Leben behält. Ich habe hier oft Märchen an den
verschiedensten Orten erzählen hören. Fast immer
werden sie in Dialogform und beinahe auf's Wort
übereinstimmend vorgetragen. Der Erzähler hat sie
einmal so gehört, und pflanzt sie auch in dieser
Form wieder unverändert fort.

Aber das Gedächtniss mag noch so stark sein,
immerhin wird es darnach streben, dem Stoff, welchen
es aufbewahren will, eine solche Form zu geben,
die das Behalten desselben erleichtert. Auch der
Sinn für das Schöne, Anmuthige und Gefällige
machte sich mit der Zeit geltend, und den Anforderungen des Gedächtnisses und dem Sinn für das
Schöne sind die äusseren, charakteristischen Formen
der Poesie, Rhythmus, Metrum, Reim, Bilderreichthum und künstliche Wortstellungen entsprungen.
Diese äussern Formen, so mannigfaltig sie auch sein
konnten, mussten aber, wie wir oben gesehen haben,
immer in einem richtigen Verhältniss zu dem dargestellten Stoff stehen. Die im Gesange aufjubelnde
Freude, der im Liede verklärte Schmerz, — so
momentane Ergüsse des Gefühls verschmähten es,
sich in ein einfarbiges Gewand hüllen zu lassen.
Die einfache Erzählung eines Ereignisses nahm dagegen einen ruhigen Verlauf, zumal wenn der Erzähler ausserhalb desselben stand. Von Anfang an
bewegte sich hier alles um einen ganz bestimmten
Mittelpunkt, alles ging auf ein bestimmtes Ziel hinaus. Wenn wir das Epos mit einem hohen gothischen
Dom, oder einem grossen antiken Tempel ver-

gleichen, so ist das Lied nichts weiter, als eine
Kapelle, ein epheu- oder rebenumschlungener Garten-
pavillon, oder eine zwischen Tannen und Cypressen erbaute Grabkapelle. In der Epik ist alles
göttliche Ruhe, in der Lyrik alles leidenschaftliche
Bewegung; in jener waltet der Verstand über dem
Gefühl, in dieser siegt das auflodernde Gefühl über
den ordnenden Verstand. Den wechselnden Stimmungen der Seele also entspricht es, wenn keine
Gattung der Poesie sich so mannigfache und reiche
Formen zu schaffen gewusst hat, als die Lyrik. Die
formgewandte griechische Sprache versuchte sich
seit Archilochos in den verschiedenartigsten Metren.
Die Inder kamen, von den Griechen unabhängig, zu
einer noch grösseren Varietät lyrischer Versmasse.
Selbst das Latein hat seine etwas steifen Formen
für eine Menge griechischer Rythmen geschmeidig
gemacht, und in den neueren Sprachen ist die Zahl
der Rythmen, der Metra und endlich der Reimver-
schlingungen fast Legion.

Wie die Poesie, so lange sie noch nicht schriftlich überliefert wurde, täglich neuen Wandlungen
ausgesetzt war, so auch die Sprache. Jeder Dichter
dichtete in der Sprache, welche ihm im Leben ge-
läufig war. Dass sich mithin schon auf einem ganz
beschränkten geographischen Gebiet oft die grösst-
ten dialectischen Verschiedenheiten geltend machen
mussten, ist natürlich. Sobald aber die Sprache einer
Gegend schriftlich fixirt wurde, sei nun die Veranlassung hierzu gewesen, welche sie wolle, so war
damit für die Nachfolgenden eine Art von Kanon

23

gegeben, an den sie sich anschlossen. Neben den
Volksdialecten, die unbeschädigt im Volk weiter
wucherten, entstand wiederum, durch irgend eine
Nothwendigkeit ins Leben gerufen, eine aus einem
Volksdialect hervorgegangene Schriftsprache und
diese wurde als passendes Mittel zur Verständigung
in weiteren Kreisen nach und nach als Sprache der
Gebildeten eines Volkes angesehen. Die Dichter
bedienten sich dann auch vornehmlich dieser Sprache,
da sie in höherem Masse verständlich und weiter
bekannt war, als ihr Dialect; sie zeichneten, als man
anfing sich der Schrift allgemeiner zu bedienen, ihre
poetischen Productionen auf. Mit der wachsenden
Bildung kamen auch in die Poesie Elemente, welche
dem ungebildeten Volk unverständlich waren; es
entstand neben der Volksdichtung eine nur für die
gebildeten Kreise berechnete Kunstdichtung. In
dieser letzteren zeigte sich überall das Streben nach
Vertiefung der Gedanken und nach Vollendung der
Formen. Aber in der Kunstpoesie ist man zu Zeiten
verderbten Geschmacks selbst so weit gegangen,
dass aus der erhabenen Kunst eine nichtige Künstelei
und Spielerei wurde, dass entweder die Form vor
dem Gedanken so bevorzugt wurde, dass man den
letzteren oft mit der Laterne suchen musste, oder
dass der in tausend Lichtfunken zersprühende Gedanke sich an keine regelrechte Form mehr band.
Zu solchen Zeiten der Geschmacksverwilderung
musste es als ein Heroldsruf zu neuem poetischen
Leben und Streben angesehen werden, wenn diese
oder jene Stimme an die alte, einfache, oft unbe-

kannte oder verachtete Volkspoesie, die Mutter aller poetischen Schöpfungen mahnte, und auf sie als den Quell der Verjüngung verwies.

Da, wo die Kunstdichtung gehegt und gepflegt wird, führt die Volkspoesie gewöhnlich ein armseliges, unbekanntes Leben, oder sie verstummt wohl ganz und gar. Der Boden der Volkspoesie ist da, wo das Gefühlsleben noch kräftig und urwüchsig ist, wo der Geist noch nicht durch übermässige Arbeit seine ursprüngliche Frische verlor, wo der Verstand das Herz noch nicht überwunden hat. Sie blüht dort, wo der Glaube an das Leben noch vorhanden ist, wo das Herz noch mehr ahnt als der Geist erkennt, wo der Hauch der Poesie im Leben durch kalte Berechnung der Interessen noch nicht erstickt worden ist. Ueberall, wo durch die Theilnahme am politischen und socialen Leben selbst die untersten Volksklassen aus jenem idyllischen Dasein herausgerissen werden, scheint die Volkspoesie keinen günstigen Boden mehr zu finden. Jedenfalls steht es fest, dass mit dem Fortschritt der Cultur die Stimme des Volkes in der Poesie mehr und mehr verstummt.

In solchen Zeiten ist es gut, das zu retten, was noch zu retten ist, denn diese manchmal so unscheinbaren Lieder werden oft für die tiefgreifendsten Fragen wichtig. In den Volksliedern offenbart sich wie nirgend sonst des Volkes Liebe und Lust, sein Schmerz und seine Trauer, seine Lebensauffassung, mit einem Wort, sein ganzes Gemüth und jedermann wird demnach die Wichtigkeit derselben für das

b*

Studium des Volkscharakters begreifen. Durch ihre Geschichte lernt man die Thaten und Schicksale der Völker, durch ihre Lieder sieht man ihnen ins Herz.

* * *

Italienische Volkslieder sind bis jetzt oft ins Deutsche übersetzt worden. Jeder Uebersetzer hat sich die schönsten Blüthen herausgesucht und in sein geliebtes Deutsch verdolmetscht. Rückert, Platen, Goethe, Kopisch, Heyse und wie die Uebersetzer heissen mögen, haben Blumensträusse gewunden, aber eine umfassende Darstellung, die in grossen Umrissen auch ein vollständiges und klares Bild der Geschichte des italienischen Volksliedes gäbe, ist bis jetzt in Deutschland noch nicht erschienen.

Die gegenwärtig in Italien vorhandenen Volksliedersammlungen[5]) erlauben uns wohl, uns ein umfassendes Bild von der italienischen Volkspoesie zu entwerfen. Dalmedico, Vigo, Pitré, Casetti und Imbriani und hundert andere haben in ihren Sammlungen das reichhaltigste Material geliefert. Vieles auf Flugblättern Gedruckte habe ich während eines mehrjährigen Aufenthaltes in Italien sorgfältig gesammelt.

Nur zwei Werke sind mir bekannt, die ein ähnliches Ziel verfolgen, wie das, welches die Aufgabe nachfolgender Skizzen sein wird. Das erste ist Boullier: *„le dialecte et les chants populaires de la Sardaigne,"* *Paris 1864;* es behandelt allerdings nur bruchstückweise aber sonst vortrefflich die Geschichte des italienischen Volksliedes. Das zweite ist

Rubieri: *„storia della poesia popolare italiana"* und umfasst die Volkslieder ganz Italiens. Als es erschien (Ende 1877) waren die nachfolgenden Abschnitte schon zum grössten Theile vollendet. Wenn mithin dieses zum Theil vortreffliche Buch auf den Plan des vorliegenden Werkes keinen Einfluss haben konnte, so verdanke ich ihm doch noch manche bemerkenswerthe Notiz, die ich nachzutragen nicht versäumt habe.

Neapel 1878.

Dr. Otto Badke.

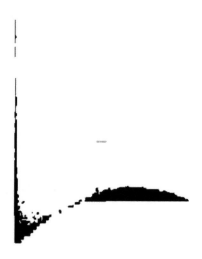

Das

italienische Volk

im Spiegel

seiner Volkslieder.

I.
Themata der Volkslieder.

n den Volksliedern offenbart sich das Geistesleben der Völker vornehmlich in ihren untersten Klassen. Das Geistesleben aber ist überall
von dem physischen Leben, und vor allen Dingen
von der täglichen Beschäftigung und von der Natur,
in welcher das betreffende Volk steht, abhängig.
Jene geistige Richtung, die durch das tägliche Leben
am stärksten entwickelt und am meisten angeregt
wird, muss daher auch nothwendigerweise den Volksliedern ihr nationales Gepräge geben. Und in der
That, dies finden wir überall bestätigt.

Der Araber singt in seinen Volksliedern von
Schlachtgetümmel, von gefahrbringenden Beute- und
Raubzügen und von kecken Liebeshändeln in der
weiten, einsamen Wüste. Das unstäte Nomadenleben
in der Wüste, die Abgeschlossenheit der einzelnen
Stämme, das oft unerwartete Zusammentreffen mit
Freund oder Feind, alles dies führte oft die sonder-
barsten Abenteuer herbei, und gab dem ganzen

Leben einen gewissen romantischen Anstrich. Der Einzelne musste in jedem Augenblick darauf vorbereitet sein, entweder Gastgeber oder Rächer zu sein, in jedem Fall aber mit unerschütterlichem Muth allen Begegnissen des Lebens entgegengehen. Ein solches Dasein war dazu angethan, weise und vorsichtig zu machen, überhaupt die Schattenseiten des Lebens scharf erkennen zu lassen, auf der anderen Seite aber auch zu unmässigem Genuss des günstigen Augenblicks, wenn er sich einmal bot, anzuspornen. Die grosse Eintönigkeit, in der das Leben manchmal so lange dahinfloss, führte zur Beschaulichkeit und zum Fatalismus. Deshalb findet man neben den gluthvollsten Schilderungen von Liebes- oder Kampfabenteuern oft ein Vorherrschen der Didaktik in der Volkspoesie und einen Reichthum an Sentenzen, wie fast bei keinem anderen Volke. Eine ungezügelte Phantasie, ein unendlicher Bilderreichthum, eine nur dem Orientalen eigene Gluth offenbart sich oft in diesen Volsliedern; überall merken wir, dass es nicht bloss schöne Worte sind, die wir hören, sondern dass hinter den Worten auch ein felsenfestes, oft grausames Herz steckt. Die folgenden Proben werden einen Beweis von der Urwüchsigkeit des oft wie der Blitz aufflammenden Gefühls geben.[6]

> Ich dachte dein, wo mancher Speer sich tränkt' in mir,
> In meinem Blut sich wuschen indische Spitzen;
> Die Schwerter wollt ich küssen, weil sie leuchteten,
> Als wie beim Lächeln deine Zähne blitzen.
>
> *(Rückert.)*

Ob auch von Abs die Ritter leugnen meinen Stamm,
Durch Lanzenspitz' und Säbel geb' ich ihm Gewähr,
Und Reiterschaaren geben mir das Zeugniss, dass
Ich auseinandersprengte sie mit scharfem Ger,
Und trieb mein Rösslein ins Gewühl, das drang hinein,
Wo's Feuer brennt, um das die schwarze Nacht hängt her.
Weissfüssig drangs hinein, und als es wiederum
In's Freie kam, da war es nicht weissfüssig mehr.
Sebiba wacht' in finstrer Nacht und schalt auf mich,
Sie fürchtete für mich das Kampfgedräng' im Heer.
Da sagt' ich ihr: Der Tod ist unsre Tränk', und nie
Ist ungetränkt davon geblieben irgend wer.
Lass deine Sorgen! Ich bin unbesorgt, denn wiss',
Wo nicht der Mann erschlagen wird, so stirbet er.
Fürwahr, der Tod, wenn er Gestalt annähm' am Tag
Der Schlacht, ich wollt ihn treffen mit dem ersten Speer.

(Rückert.)

O Herr, lass mich leben nicht in Schanden, und sterben lass
Mich nicht, unter Klageruf der Weiber begraben.
Ich sei ein Erschlagner, den umwandelt die Vögelschaar,
Und aus meinen Gliedern trinken durstige Raben.

(Rückert.)

O hätte der Himmel, was ich liebe, so nahe mir
Gerückt als die Unglücksfälle, die mich umrangen!
O hätte dein Traumbild nur, o Tochter von Malek, je
Gesehen meiner Wimpern Fluth, den Strom meiner Wangen!
Die Höhen des Himmels sind die Standorte deines Werths,
Und kurz ist die Hand nur, um nach Sternen zu langen.
Jedoch, wenn es Gott verhängt, der Höchste nach seiner Huld,
So soll nichts mich hindern meinen Wunsch zu umfangen,
Zu löschen den Lebensdocht der Neider, und meinem Ziel
Zu nahn mit Gewalt durch Schwert und Speer ohne Bangen.

(Rückert.)

Sie schlummert ein in meinem Arm zur Nacht —
Da lacht sie mir als stille Mondespracht.
Sie schlägt die sonnenhellen Augen auf —
Da ist in ihr der lichte Tag erwacht.

1*

Die Sonne, die gemeine, kommt nun auch,
Und, ach, da geht sie, die mir Heil gebracht.
Und wie sie mir geschwunden aus dem Blick —
Mitten im Tage dunkelt tief die Nacht.

(Daumer.)

Ganz ähnlich hat sich die Volkspoesie bei den stammverwandten Hebräern entwickelt, deren Leben allerdings früher als das der Araber staatlich geregelt und von dem Glauben an die Existenz eines einzigen, unsichtbaren aber allmächtigen Gottes beherrscht wurde. Der Hebräer rühmt sich daher nicht mehr seiner eigenen Kraft, aber er preist und verherrlicht sie indirect durch das Lob Jehovahs. Man vergleiche nur den Lobgesang des Moses, 2. Mos. 15. 1—20, wo es unter anderem heisst:

Jehovah ist des Krieges Meister
Jehovah heisst er.
Pharaos Wagen und sein Heer
Stürzt' er ins Meer!
Im Schilfmeer sank
Der Führer Kern und ertrank.
Sie deckte der Wogen Schlund,
Wie Schilf sanken sie zu Grund.
Mit der Fülle deiner Kraft,
Hast du die Gegner hingerafft.
Da deine Rache schnob,
Da zerstob
Der Feind geschwind
Wie Spreu in dem Wind.

Todesangst erfasst die Tapfern der Moabiten
Hinweggeschmolzen sind die Kananiten.
Lass fallen Furcht auf sie und Schrecken,
Vor deines Arms Gewalt sie decken!
Lass sie sein
Starr wie Stein etc.

(Sanders.)

Eine ähnliche kriegerische Stimmung verräth auch noch das Triumphlied Debora's und Barak's (Richter 8). Finden wir hier noch Nachklänge aus der Zeit der Nomadenwanderungen, so führt uns das Hohelied in die ganze Idyllik des Hirtenlebens. Die Spanier scheinen von den Arabern gelernt zu haben. Der historische Boden ihrer Romanzen ist die Zeit der Kämpfe zwischen Mauren und Christen. Auch hier begegnet uns noch häufig die ungezügelte Kampflust, welche der arabischen Volkspoesie ein so eigenthümliches Gepräge giebt, aber daneben wird in den Liedern auch so manche zarte Saite des Herzens angeschlagen; es ist bekannt, dass Mokdem Ben Maaref, der im zehnten Jahrhundert in Spanien dichtete, als der Erfinder der Romanze angesehen wird, und es wird somit sehr wahrscheinlich, dass die Spanier die von den Mauren eingeschlagene Richtung vor allem in der historischen Romanze weiter verfolgten. Die lyrischen Elemente in der spanischen Volkspoesie scheinen aber von einer anderen Seite gekommen zu sein, nämlich aus der Provence. Wenngleich ja auch die Provençalen ihre ersten Anregungen zur Poesie von den Spaniern und durch diese indirect von den Mauren erhalten hatten, so waren die Keime der fremden Saat in der Provence doch schneller, als in Spanien selbst emporgewachsen; die Poesie hatte sich hier so vorherrschend der Verherrlichung der Minne zugewandt, und das Liebeslied und die Satire war in Südfrankreich so schnell zur Blüthe gelangt, dass die ehemaligen Lehrer noch wieder von ihren Schülern lernten. Aber in der

Provence war die Poesie der Troubadours kaum zu
ihrer Vollendung herangereift, als sie fast eben so
schnell in Wortkünstelei und Witzelei erstarb; den
Reimeschmieden war eine möglich künstliche Form
die Hauptsache und der Gedanke verpuffte in einem
elenden Feuerwerk. In Spanien dagegen zog sich
die Poesie nicht an die Fürstenhöfe zurück; sie blieb
unter dem Volk; das Herz, war hier ihre Seele und
nicht der witzelnde und grübelnde Verstand. In der
leicht dahinfliessenden gefälligen Form der Redon-
dilien, eine Form, die dem Charakter der spanischen
Sprache ungemein entspricht, offenbarten sich die
zartesten Regungen des menschlichen Herzens in
einer solchen Klarheit und mit solcher Anmuth, wie
wir sie bei den Troubadours vergeblich suchen.

In Frankreich blieb im Süden auch die Volkspoesie wesentlich dem von den Troubadours gegebenen
Vorbilde treu; sie war und ist vorherrschend lyrisch.
Aber sie scheint weder an Umfang noch Bedeutung
je über das Mittelmässige hinausgekommen zu sein.
Die eigentliche Heimat der französischen Volkspoesie
ist der stark mit normannischem Elemente versetzte
Norden des Landes. In der Bretagne blüht bis in
die Gegenwart hinein eine urwüchsige, noch auf cel-
tischem Boden erwachsene Volksliederliteratur. Aber
auch weit über die Bretagne hinaus, im ganzen Norden Frankreichs, hat das Volk eine hohe poetische
Begabung an den Tag gelegt. Allerdings wurde
dieser Poesie namentlich durch die von Frankreich
aus hauptsächlich unternommenen Kreuzzüge sehr
bald eine bestimmte einseitige Richtung auf das

Christlich-epische gegeben, aber auf diesem einmal mit Beschlag belegten Gebiet hat die Volksepik so Bedeutendes geleistet, dass z. B. die grossen Dichter des Mittelalters in Deutschland sich ihrem Einfluss nicht entziehen konnten, ja vielmehr ihre Stoffe zum grossen Theil aus ihr entlehnten.

Bei den nordischen Völkern, den Deutschen, Scandinaviern und Schotten verlässt die Poesie mit Vorliebe den Boden der Wirklichkeit. Aber sie ergeht sich nun nicht in einer heiteren, sonnigen Märchenwelt, sondern sie liebt das Düstere, Nebelhafte und Schaurige. Der eisige Norden mit seinem grauen Himmel, dessen Nebelflor die Sonne nur selten auf die Dauer durchdringt, das mühevolle Leben, das hier errungen werden muss im Schweisse des Angesichts, alles dies spiegelt sich in der Poesie wieder. Am wenigsten geschieht dies noch in dem von der Natur bevorzugteren Deutschland. Am schärfsten offenbart sich diese düstere Wildheit in der scandinavischen Poesie. Auch wo sich die Poesie mit Stoffen aus der Geschichte oder dem täglichen Leben beschäftigt, wendet sie sich doch mehr den düsteren Seiten des Lebens als seiner Freude zu. Finnen, Russen, Esthen und Lithauer gefallen sich in dem Kleinlichen in der Natur. Für sie wird jeder Baum, jede Blume lebendig; mit den Thieren stehen sie überall im engsten Verkehr; aber nicht wie etwa im deutschen Thierepos spiegelt sich die Menschenwelt in der Thierwelt wieder, sondern Thier, Pflanze und Mensch stehen hier gleichberechtigt und gleich gefühlvoll neben einander. Des Südslaven

Volksleier singt von nichts anderem als von Kampf und Liebe. Der Grieche hat noch etwas von seinem alten Heroismus bewahrt, denn der Volksdichter wählt dort mit Vorliebe Stoffe aus den Kämpfen zur Befreiung der Heimat. Der Italiener singt fast von nichts anderem als von Liebe, und doch ist gerade sein Land so reich an historischen Erinnerungen.

Die Liebe nimmt bei allen Völkern eine der hervorragendsten Stellen im Volksliede ein, denn für das Volk ist oft die Liebe der einzige poetische Moment des Lebens und in Wahrheit „des Lebens Kern". Aber die Auffassung der Liebe ist bei den einzelnen Völkern so verschiedenartig, wie die einzelnen Personen unter sich in Körperbildung, Sitten, und Gewohnheiten. E. Schuré sagt darüber[*]): „Man hat die Bemerkung gemacht, dass jede Nation einen vorherrschenden Ton in ihren Liebesliedern anschlägt, der als Marke für ihr Temperament dienen kann. In den Liedern der Lithauer, mit einer so ergreifenden Zartheit und Melancholie, ist es die entsagungsvolle und schmerzreiche Liebe des jungen Mädchens, die wie ein halberstickter Seufzer in der Einöde erstirbt. Bei den Serben ist es vielmehr die erfindungsreiche Beharrlichkeit, die sich einschmeichelnde Liebeskunst der Frau, die über die Rohheit und Barbarei des Mannes triumphirt. In Italien und Spanien sind es die wollüstigen Serenaden, die zu leichten und mysteriösen Vergnügungen einladen. In Frankreich ist es die leichte, scherzhafte, ver-

[*]) Histoire du lied ou de la chanson populaire en Allemagne p. 202.

schmitzte Liebschaft, bei der oft der Galan und das Landmädchen die feinsten Kniffe spielen. In Deutschland ist es die sentimentale, ernsthafte, sich abschliessende und unzerstörbare Liebe, die man als die grosse Lebensaufgabe auffasst."

Das italienische Volkslied führt uns in eine idyllische Welt, die gar nichts mit der gemeinen Wirklichkeit zu thun zu haben scheint, sondern aus ihr nur die Anregungen zu den sie schmückenden poetischen Schöpfungen erhält. In dieser Volkspoesie spiegelt sich vor allen Dingen das jugendlich feurige Herz mit allen seinen Idealen, mit seiner Abneigung gegen die kalte Welt; in der Zurückgezogenheit beschäftigt es sich nur mit sich selbst und seiner Liebe, oder wenn es in die laute Welt hineintritt, so steht es doch immer im Mittelpunkt derselben. Das Volkslied hat sich in Italien nur selten über den Kreis des Hauses und der Familie und die Verherrlichung der Leiden und Freuden des menschlichen Herzens in der Stille des Hauses hinausgewagt. Mit der Politik und dem öffentlichen Leben, mit Krieg und Kampf hat es sich nur ganz vorübergehend befasst, und seine Stimme ist dann immer bald verklungen. Diese eigenthümliche Erscheinung in einem Lande, das der Schauplatz der wichtigsten historischen Begebenheiten und der grossartigsten Kämpfe gewesen ist, lässt sich nur auf eine Weise erklären.

Fast alle Kämpfe, welche auf italienischem Boden nach dem Untergange des Römerreichs ausgefochten worden, waren Kämpfe von Fremden gegen Fremde.

Byzantiner, Germanen, Araber, Franzosen, Spanier, alle haben diesen Boden besessen und um ihn gefochten, aber nur selten war der Kampf gegen die Eingebornen des Landes selbst gerichtet. Italien ist bis auf die neueste Zeit ein Zankapfel und ein Spielball in der Hand fremder Mächte gewesen. Und wenn einmal die Bruderstämme der Halbinsel gegen einander die Waffen führten, so konnte mancher Anlass wohl ihren Spott und Witz reizen, sie aber niemals mit nationaler Begeisterung für eine vollbrachte rühmliche That erfüllen, zumal da auch diese Kämpfe zum grössten Theil ihren Ursprung nicht dem Freiheitsdrang des Volkes, sondern der Rivalität einzelner Grossen ihren Ursprung verdankten. Die von diesen gemietheten Söldner fochten heute im Dienste dieses, morgen unter den Fahnen jenes Herrn. Für sie war der Sold und ein möglichst freies und ungezügeltes Leben bestimmend; von nationaler Begeisterung, von Patriotismus konnte bei ihnen nicht die Rede sein. Das Volk aber, das sich für sein Vaterland hätte begeistern können, stand diesem Treiben fern. Unbekümmert um seinen augenblicklichen Gebieter lebte es still für sich dahin, ohne die Grundbedingungen zu besitzen, aus denen ein nationaler, historischer Volksgesang nur erwachsen kann, Selbstgefühl, Vaterlandsliebe und Freiheitsdrang.

Nur wo das Vaterland von seinen eigenen Söhnen vertheidigt wird, wo sich das Volk im eigenen Interesse und mit Begeisterung um seine Helden schaart, um an fremden Unterdrückern Rache zu nehmen, nur da kann das patriotische, das historische

Volkslied blühen. Spanier, Neugriechen, Serben haben zu wiederholten Malen solche Epochen des Befreiungskampfes aufzuweisen, und nirgend sonst, als in ihren Ländern, ist der historische Volksgesang mit so nationaler Begeisterung erklungen. Auch in Italien hat es nicht an Anläufen zur Erhebung und Befreiung des Volkes gefehlt, aber sie waren nicht nachhaltig genug. Dennoch haben diese Anläufe, wie wir seiner Zeit sehen werden, einige historische und patriotische Volkslieder gezeitigt.

Dagegen ist der ganze Umfang des menschlichen Lebens in seiner Stille und Zurückgezogenheit, in idyllischer Abgeschiedenheit vom politischen Treiben wohl kaum von einem anderen Volke öfter und schöner besungen worden, als vom italienischen. Von der Geburt bis zum Tode und über den Tod hinaus hat das Volkslied im Dasein des Menschen in einer kaum glaublichen Mannigfaltigkeit seine Stoffe zu finden gewusst und ausgebeutet. Jede Stimmung des Gemüths, jeder Wunsch des Herzens hat sein Echo im Liede gefunden. Im häuslichen Stillleben offenbart sich hier das ganze Herz des Italieners. Alle anderen Arten der Volkspoesie, deren Stoffe über dies Gebiet hinausgehen, sind in Italien nur spärlich vertreten und sie lassen sich schnell abfertigen. Den Hauptinhalt der nachfolgen-Skizzen bildet Liebeslust und Liebesleid.

II.
Liebeslieder.

Die Liebe ist der Dichtung Stern,
Die Liebe ist des Lebens Kern.

(Rückert.)

Die Liebe ist ein Thema, das bei allen Völkern des Erdballs millionenfache Variationen in Lied und Gesang erfahren hat, und es scheint, als ob dies Thema unergründlich wäre. Zwar kann man auch hier sagen: „Nichts Neues gibt's mehr unter der Sonne", aber das Alte wird immer wieder neu dadurch, dass jedes Herz alles das, was von Liebe gesungen worden, an sich selbst erfährt, dass jede Lebenslage, jedes Land, der Himmel, die Natur und Lebensschicksale das alte Bild in neuem Glanz und Licht erscheinen lassen können.

Das Wesen und die Aeusserung der Liebe steht wie die jeder anderen Leidenschaft entschieden mit dem Klima, dem Boden, der Lebensweise, den Sitten und Gebräuchen der Völker im engsten Zusammenhang. Es kann nicht oft genug darauf hingewiesen werden, wie überall der Mensch mit dem Erdstrich,

den er bewohnt, auch in seinem geistigen Leben
verwachsen ist. In der Form des Körpers ist
dies Abhängigkeitsverhältniss leicht nachweisbar,
nicht minder schwer aber auch in den Aeusserungen des geistigen Lebens. Im hohen Norden
verkrüppelt nicht nur der Leib, sondern auch
der Geist; im heissesten Süden thut die übergrosse
Hitze sowohl der Leibes- als auch der Geisteskraft
Abbruch. Im Norden grünen nur Gräser und Pflanzen
oder saftlose Bäume; im Süden verliert der Pflanzen-
wuchs seine Kraft in der Ueppigkeit und im Saft-
reichthum. Die gemässigte Zone ist die Heimath
der Cypresse und des Lorbeers, der Eiche und Linde,
der Rebe und der Rosen. Nur in der gemässigten
Zone verbindet sich im Menschen unter natürlichen
Einflüssen geistige Klarheit und Schaffensdrang mit
Körperkraft und Ausdauer. Nach Norden wagt sich
die Nachtigall nur im Frühling; im Süden schillern
die Vögel in den buntesten Farben, aber ihnen fehlt
die melodische Stimme; nur in den gemässigten
Himmelsstrichen ist der Gesang zu Hause. Aber
auch in den gemässigten Himmelsstrichen machen
sich bedeutende Unterschiede geltend, doch stehen
sie auch hier wieder im richtigen Verhältniss zur
Natur der einzelnen Länder. Dass im Süden feuriger,
schneller und leidenschaftlicher geliebt wird als im
Norden, ist eine allgemeine und leicht erklärliche
Thatsache. Aber dafür liebt man dort auch oft un-
bedachtsamer und unglücklicher als unter dem kalten
Himmel des Nordens, wo das Menschenherz nicht
die feurigen Leidenschaften in 'solcher Spontaneität

kennt, sie dafür aber langsamer und nachhaltiger blühen und dauern lässt. Das plötzliche Auflodern der Leidenschaft gibt dem Herzen des Südens jenes Feuer, das zur blinden Begeisterung hinzureissen vermag, aber gar keine Wirksamkeit mehr besitzt, wenn der erste Rausch vorüber ist, wenn der Verstand über die Sinne siegt; das allmälige und langsame sich Hineinleben in die Verhältnisse des Lebens, bei dem der Verstand nur für Augenblicke vom Feuer der Leidenschaften überwältigt werden kann, gibt den Herzensäusserungen und dem Gefühl des Nordländers jene Zartheit und Innigkeit, jene unwandelbare Beharrlichkeit, die dem Südländer in den meisten Fällen abgeht. Aber die Vergessen lehrende, alles bewältigende und keine Schranke duldende Macht der Liebe, mag sich letztere äussern wie sie will, ist überall dieselbe, und wenn eine Empfindung auf die Entwickelung der Menschheit vom thierischen Zustande zum menschenwürdigen Dasein Einfluss gehabt hat, so ist es die Liebe gewesen. Die Liebe war die mächtige Streiterin, welche die Schranken der Despotie und Tyrannei, in denen die Menschheit schmachtete, siegreich durchbrach, und der Welt das grosse Wort der Erlösung verkündete, das Gesetz der Gleichheit, der Brüderlichkeit und Freiheit. Sie war es, die

„Eintrat in der Menschen Hütten,
Sie gewöhnt zu milden Sitten."

Sie ist es, die den Menschen so gern glauben und vertrauen lehrt, die alle realen Verhältnisse in rosigem Lichte erscheinen lässt, und in dem Menschen, wie nichts anderes, die Ahnung eines höheren, reineren Lebens, als das Erdenleben, anfacht.

Der Norden Italiens hat immer mit den anderen cultivirten Ländern Europas in engster Berührung gestanden; er ist der Kriegstummelplatz der verschiedensten Völker gewesen, und der Norditaliener trägt in seiner Körper- und Gesichtsbildung, sowie in seinem Charakter noch heute die unverkennbaren Spuren mannigfacher Mischungen. Das Liebesleben hat daher auch in Norditalien viel von seinem nationalen Gepräge verloren. Der Süden Italiens hingegen bildete trotz aller fremden Einflüsse immer ein Land für sich. Die Mischung mit Fremden beschränkte sich auf die grossen Städte, namentlich auf die an den Küsten gelegenen. Das Volk im Innern blieb von diesen Vermischungen unberührt. Seit Jahrhunderten sitzen griechische und albanesische Auswanderer in der Gegend von Lecce, von Reggio und in einigen Dörfern Siciliens. Keine politische Umwälzung hat ihnen ihre Nationalität genommen, ja selbst ihre Sprache haben sie inmitten der italienischen Bevölkerung so gut wie rein bewahrt. Ebenso ist es aber auch dem ganzen Landvolk Süditaliens ergangen. Dort in den grossen Kastanien- und Eichenwäldern, in den Gebirgsthälern des Inneren pflanzten sich Sitten und Gebräuche von Jahrhundert zu Jahrhundert so gut wie unverändert fort. Ist's einem doch, als ob man um zwei Jahrtausende zurückversetzt wäre, wenn man die kleinen Gebirgsstädte und Dörfer Calabriens, Apuliens, Siciliens und der Südabruzzen durchwandert. Von modernem

Leben findet sich fast keine Spur. Der Pflug ist noch der einfache, krumme Baumstamm mit geschärfter Spitze; alle Geräthschaften, die Technik der Weberei und Spinnerei, ja manches in der Kleidung erinnert noch an das höchste Alterthum. Dazu haben sich die Raçen hier reiner erhalten als im Norden und an der Küste. Ja auf der alten Grenzscheide des Gebiets der Volsker, Marser und Hernicer sind die Volkscharaktere diesseits und jenseits des Liris noch heute scharf von einander zu unterscheiden. Auch das idyllische Liebesleben hat sich in jenen Gebirgsgegenden des Südens reiner erhalten als an der Küste. Aber den Charakter feuriger Leidenschaftlichkeit trägt die Liebe überall in Italien, in der Lombardei so gut als in Calabrien und Sicilien, auf Sardinien so gut als in den Abruzzen oder in den Marken.

Ich möchte hier eine Charakteristik aus dem oben angeführten Buch Boulliers einfügen, die das Liebesleben der Italiener im Gegensatz zu dem der Franzosen und Nordländer ausserordentlich scharf zeichnet. Er sagt: „In Frankreich wagt man kaum verliebt zu sein, man wagt aber nie, es zu scheinen. Man ist im Leben der Ansicht, dass, wenn man nicht mehr Schüler ist, es so viel heisst, als sich schwach und lächerlich zeigen, wenn man im Herzen ein tiefes, alles beherrschendes Gefühl hegt, das uns ganz und gar erfüllt. Aus Furcht vor abgeschmackten Scherzen verheimlicht man seine Leidenschaften, wenn man sie nicht ganz erstickt; man legt sich selbst Zwang auf, um sich auf das Niveau der allgemeinen Gleichgültigkeit zu setzen. Unsere Gesellschaft, namentlich so wie sie die Revolution und das Strafgesetzbuch constituirt haben, ist dem Liebesleben nicht mehr günstig. Die Lebensstellungen sind so schwer zu erreichen, das Bedürfniss, sich an's Licht zu arbeiten, quält so viele Geister, der Ehrgeiz ist so allgemein, die Nothwendigkeit zu arbeiten wird jedermann so dringend auferlegt, dass die Jugend nicht mehr Musse hat, auf die Stimme seines Herzens zu hören und sich gehen zu lassen.

Im Norden nehmen die Leidenschaften oft einen romanhaften Verlauf. Sie entwickeln sich langsam, sie verwirren sich in Bedenken, gefallen sich in dem Schauspiel, das sie sich selbst bereiten und scheinen sich selbst des Verzuges zu freuen, der sie hemmt. In der Liebe liegt etwas Schwermüthiges und Zärtliches. Sie nimmt den Schmerz mit einer süssen Ergebung hin und bewahrt bis ins Glück hinein ein unbestimmtes Misstrauen gegen die Zukunft. Sie stürzt sich gern in das unendliche Reich ihrer Träume und manchmal verzehrt sie sich darin. Kaum geht sie aus der Seele heraus um auf der Erde Fuss zu fassen, wie die bleichen Wasserlilien, die auf dem Wasserspiegel schwimmen, sich in den Fluthen baden und darin untertauchen, da sie nicht die Kraft besitzen das Licht zu suchen, um ihre Blüthe zu erschliessen. Nichts dem Aehnliches findet sich in Sardinien (und wir können hinzufügen, in ganz Italien). Man findet dort nie eine unterdrückte, träumerische Leidenschaft, die sich in den Kämpfen, die sie mit sich selbst zu bestehen hat, verdoppelt und befestigt, dies so schreckliche Drama für ein junges Herz, das es zuweilen zucken lässt, bis es bricht. Man findet hier öfter eine unwiderstehliche, plötzliche Liebe, so wie sie das Alterthum uns malt, in Gestalt eines schönen Knaben, der nackt kommt, um sich am Herde auf den Schoos der jungen Mädchen zu setzen, der sich von ihnen süss wiegen und liebkosen lässt, und wenn er forteilt, ihnen eine unheilbare Wunde im Herzen zurücklässt. Die Liebe hat hier etwas Heidnisches bewahrt. Sie ist voll von Gluth und Begeisterung. Sie schliesst in sich diese Mischung von Gluth und Einfachheit, die den südlichen Völkern eigen ist, so lange sie noch nicht durch den Genuss entnervt sind. Sie vereint in keuschem Bunde Seele und Sinne. Sie ist rein, ohne immateriell zu sein, keusch ohne Prüderie, zu gleicher Zeit beschwingt und doch an der Erde haftend, so wie sie dem Herzen des Menschen entspringt, wenn er noch der Natur nahe steht und die Sittenverderbniss und die Heuchelei der Gesellschaft ihn noch nicht zu der Wahl getrieben hat, die ihm Pascal lässt, entweder ein Engel oder eine Bestie zu sein. Sie verschmäht die Wollust nicht; sie begnügt sich damit, sie für die Unschuld zu heiligen. Sie fällt nicht in den Materialismus und verduftet nicht im Mysticismus."

Wir müssen Boullier selbst in Bezug auf den letzten Satz Recht geben, wenn er die Liebe auf dem Lande im Auge hat. In der Stadt liegen die Verhältnisse ganz anders. Es möchte heute überhaupt wohl schwerlich eine Ortschaft geben, in der

sich Gelegenheit bietet, aus dem alten eintönigen
Leben der Vorfahren hinauszukommen und neue
Bahnen einzuschlagen, wo nicht in den meisten
Fällen so und so viele andere Lebensinteressen neben
der Liebe herlaufen und auf sie bestimmend ein-
wirken. Eine dem Materialismus ganz entsagende
Liebe kann nur da zum Austausch kommen, wo die
Existenz des Ehemannes eben so sicher gestellt ist,
als die des Ledigen, also unter der Landbevölkerung,
wo die Frau der Familie auch die Kraft ihrer Hände
zubringt oder in den der Nahrungssorgen enthobenen
reichen Volksklassen. Ueberall, wo aber mit der
Verheirathung auch die Sorgen wachsen müssen, wo
die Frau mehr oder weniger von ihrem Manne erhalten wird, ohne dass sie selbst arbeitet, da kommen
solche Fälle wohl auch vor, in denen die Liebe
nicht nach Geld und Gut fragt, aber gewöhnlich
bald nachher eines Besseren belehrt wird. Jedenfalls herrscht ganz nothwendig im Mittelstande immer
das Bedürfniss vor, sich von Anfang an einen Hülfs-
fonds für die Zeit der Sorgen sicher zu stellen, denn
die Sorgen kommen und vergrössern sich gewiss.
In der gebildeten Gesellschaft muss daher ver-
nünftigerweise die Sorge um das materielle Fort-
kommen neben der Liebe stehen, wenn der Mensch
nicht für die Liebe die ganze Welt opfern will, um
vielleicht ihr Märtyrer zu werden. Und diese ma-
terialistische Richtung der Liebe, wenn wir so sagen
dürfen, sollte sich nicht in Italien finden? — Sie
herrscht auch hier in den Städten vor, nur auf dem
Lande, wo der Sohn wie der Vater lebt, wo die

2*

Welt mit dem Geburtsdorf und der nächsten Pro-
vinzialstadt aufhört, da findet sich überall jene Liebe,
die Boullier so treffend schildert.

Zur Vervollständigung des Bildes werfen wir
noch einen Blick auf das Leben des Italieners und
Deutschen, um in demselben die den Charakter der
Liebe bestimmenden Einflüsse scharf hervorzuheben.
Der Deutsche und der Nordländer überhaupt, in
einem kalten Lande, wo er der Natur fast alles ent-
ringen muss, wo er gezwungen ist, in wenigen
Monaten für die Bedürfnisse der grösseren Hälfte,
des Jahres zu arbeiten und sich den Kopf mit Sorgen
für den Winter zu zerbrechen, tritt in jede neue
Lebenslage nur mit äusserster Vorsicht ein. Er
überlegt, er erwägt, bedenkt und zaudert, und das
materielle Interesse spielt namentlich beim Manne,
wenn er nicht Mittel hat, immer eine grosse Rolle.
Der Mann verheirathet sich daher hier gewöhnlich
erst dann, wenn seine Lebensstellung einigermassen
gesichert ist, und bindet sich selten jahrelang vorher.

In Italien, namentlich im Süden des Landes,
lebt man dagegen das ganze Jahr hindurch in
innigster Berührung mit der Natur. Mit geringer
Arbeit gewinnt der Italiener seine bei weitem geringeren Bedürfnisse für den jedesmaligen Tag; das
Klima gestattet ihm, das ganze Jahr hindurch im
Freien zu arbeiten und immer diese einfachen Bedürfnisse zu finden. Während sich der italienische
Arbeiter das ganze Jahr hindurch mit Salat, Brod,
Wein und Maccheroni begnügt und begnügen kann,
— alles Dinge die wenig kosten, — bedarf der

nordische Arbeiter selbst im Sommer unbedingt der
Fleischnahrung, und selbst wenn er sich mit Gemüse
begnügen wollte, würde er es nur für 2—3 Monate
in ausreichendem Masse finden und es noch dazu
theuer bezahlen müssen. Den Italiener quält keine
Sorge für Winterkleidung, für Nahrung, für Heizung,
wie den Nordländer, während einer oft Monate
dauernden Winterkälte. Wein trinkt der deutsche
Arbeiter nie oder doch nur selten, und doch weiss
jedermann, welchen Einfluss derselbe auf die Heiter-
keit und den Frohsinn des Menschen hat, während
Bier und Spirituosen den Geist nach einer kurzen
übermässigen Aufregung desto gewaltsamer nieder-
drücken. Dazu denke man an das monatelange Aus-
harren in dunklen Zimmern, einen auch im Sommer
grösstentheils von Wolken umdüsterten Himmel und
das rauhe Wetter, und man wird begreifen, welche
natürlichen Schranken sich schon dem Aufwallen
der Leidenschaften in den nordischen Himmelsstrichen
entgegenstellen.

Wie die Noth, nach einem alten Sprüchwort,
beten lehrt, so lehrt sie auch denken. Mag der Südländer mehr Geist (esprit) und Witz besitzen, als
der Nordländer; dieser hat vor jenem das tiefere
Denken voraus. Der Deutsche sieht das Leben viel
schneller und früher als eine harmonische, ununter-
brochene Entwickelung an, in der jeder Tag, aber
immer in der Verknüpfung mit allen übrigen Tagen,
seine besondere, hochwichtige Stelle hat, während
sich der Italiener das ganze Leben mehr in die
Bruchstücke einzelner Tage auflöst, und nur dann

ernste Bedenken für die Zukunft hegt, wenn er vor aussergewöhnlich wichtigen Ereignissen steht. Der deutsche Jüngling wird früher Mann als der italienische. Was der Italiener oft erst im Alter von 30 Jahren ist, das ist der Deutsche gewöhnlich schon mit 20 Jahren. Das Letztere bezieht sich namentlich auf die Ausbildung der Festigkeit des Charakters. Ein fester Charakter aber kann sich nur auf einer soliden wissenschaftlichen und moralischen Erziehung aufbauen, und jedermann weiss, wie sehr es zu beklagen ist, dass diese in Italien noch auf so niedriger Stufe steht, ohne dass ich damit die deutsche Erziehung als überall durchaus nachahmenswerthes Muster hinstellen will.

Fassen wir dies alles zusammen, so können wir mit Recht behaupten, dass der Italiener sorgloser und auch in der That sorgenfreier lebt, als der Deutsche, und dass ein solches Leben die Leidenschaften freier spielen lässt, während dem Deutschen die Verhältnisse einen Dämpfer auflegen. Der Italiener überlegt weniger vor der Handlung und sieht nicht immer besorgt auf den Ausgang derselben. In Folge davon entschliesst er sich auch leichter. Bei ihm spricht zuerst das Vergnügen und die Leidenschaft. In dieser verzehrt er sich, sie treibt ihn auch zu Excessen, aber er kommt gewöhnlich erst zu spät zur Erkenntniss. Dann stellt sich bei ruhiger Ueberlegung natürlich leicht eine Abneigung ein, die durch kein allzustrenges moralisches Bewusstsein unterdrückt wird, und herzlos lässt er den Gegenstand seiner früheren glühenden Leidenschaft

bei Seite liegen. Beim Deutschen geht durch-
schnittlich das Denken und Erwägen dem Entschluss
und der Handlung vorauf, jedes mögliche Hinderniss
auf der Bahn zur Erreichung eines Ziels ist schon
vorher in's Auge gefasst worden, es kann daher
wenn es eintritt, nur hemmend, nicht vernichtend
wirken, die Flamme der Leidenschaft entfacht sich
nur allmälig, erlischt dann aber auch selten.

Aber trotz dieser vielen Bedenken, trotz des
langen Ueberlegens sind doch in Deutschland gerade
die ja auch sonst überall vereinzelt vorkommenden
Fälle nicht selten, in denen alle jene materiellen
Vorbedingungen einer glücklichen, sorgenfreien
Existenz ausser Acht gelassen werden, und die
Liebe leicht in Schwärmerei ausartet. Die Leidenschaft entwickelt sich in solchen Fällen mit einer
solchen Schnelligkeit, mit einem solchen Feuer,
solcher Gewalt und Ausdauer, wie vielleicht niemals
im Süden. Diese Leidenschaft ist aber von der des
Südländers so ganz verschieden, namentlich dadurch,
dass in ihr die Interessen rein geistiger Natur sind.
Der Jüngling sieht in dem geliebten Mädchen alle
seine Ideale vereint und bleibt dabei unbekümmert
um die Wirklichkeit. Die Nordländer sind ganz besonders für diese Richtung des Seelenlebens, für
das Ringen nach einem ausserhalb der Wirklichkeit
liegenden Ideal disponirt. Wir sehnen uns nach
diesem Ideal, wie wir uns sehnen nach der Freude,
dem Licht und der Wärme des Südens. Das Wort
Sehnsucht hat bei uns auch eine ganz andere Bedeutung als das Desidero der Italiener oder das

Désir der Franzosen. Dieses Sehnen, dieses Ringen zieht sich durch die ganze deutsche Kunst und Philosophie. Aber so herrliche Blüthen auch diesem Ringen entsprossen sind, zur Vollkommenheit griechischer Schönheit sind wir doch nur selten und gewöhnlich nur dann gelangt, wenn die Sonne und die herrliche Natur des Südens den im Norden gelegten Samen wachsen und reifen liess. Wir haben im Norden so wenig Ideales in der Natur um uns, vor allen Dingen aber fehlt uns der klare Sonnenschein des Südens, und wie unsere Berge und Wälder fast immer in einen, wenn auch zu Zeiten nur leichten Nebel gehüllt sind, der ihre Contouren mehr oder weniger verschwimmen lässt, so herrscht auch in unseren Kunstwerken oft eine gewisse Verschwommenheit vor. Der Künstler lässt absichtlich oder unabsichtlich oft mehr ahnen, als er wirklich zeigt, und die Klarheit und die Vollendung des in lebensvollen Gestalten Gebotenen wird durch diesen mysteriösen Hintergrund wieder beeinträchtigt.

Diese Sehnsucht nach idealer Vollendung in Kunst und Leben, die durch den ewigen Wechsel zwischen angenehmen und unangenehmen Jahreszeiten im Herzen des Nordländers genährt wird, ist das Bindeglied geworden, das unsere Kunst so eng mit der des griechischen Alterthums verknüpft hat. Auf der anderen Seite sind wir aber auch durch die Unerreichbarkeit dieser idealen Zustände auf die Erkenntniss der Mangelhaftigkeit alles Irdischen geführt worden; und diese Erkenntniss hatte zur Folge, dass wir mit Hintenansetzung der realen Wirklichkeit

unser Heil im Jenseits suchten oder alle menschlichen
Verhältnisse und die ganze Welt einer erbarmungs-
losen, scharfen und vernichtenden Kritik unterwarfen.
Nur Deutschland konnte die Geburtsstätte des Pro-
testantismus und des Pessimismus werden; nur in
den nordischen Ländern konnte das Ideal, das die
Griechen nur in harmonischer Verbindung und dem
Zusammenwirken von Form und Geist erkannt hatten,
ein rein geistiges, die Form und damit alle Realität
übersehendes Ideal werden. Diese Sehnsucht nach
dem Ueberirdischen durchweht wie ein Harfenton
die deutsche Dichtung und Musik, sie hat ihre sym-
bolische Darstellung in den gen Himmel strebenden
gothischen Bauwerken gefunden, und viele unserer
bedeutendsten Maler zu den herrlichsten Schöpfungen
begeistert, — sie findet ihr Echo in den bekannten
Worten Goethe's: „Kennst du das Land?" — „Dahin,
dahin lass uns ziehn!"

Der Idealismus hat im Norden namentlich in der
Poesie oft auf Abwege geführt; nur zu leicht artete
er in Schwärmerei aus, und die Regellosigkeit und
Unklarheit der Gedanken führte dann auch zur Unklarheit der Form. Die südlichen Völker haben ein
klareres Bewusstsein von der schönen Form; auf
diese kommt es ihnen besonders an; aber sie verfallen ihrerseits nun oft in den grossen Fehler, durch
die Form allein wirken zu wollen. Aber in gott-
begnadeten Zeitaltern, wie denen des Perikles, des
Maecenas und Julius II., war es auch nur ihnen
vergönnt, den vollendet schönen realistischen Formen,

die ihnen durch anhaltendes Studium und sorgfältige Beobachtung der Natur zum klaren Bewusstsein gekommen waren, mit einem gewaltigen Geiste zu erfüllen und unübertreffliche Werke zu schaffen.

Diese verschiedenen Geistesrichtungen stehen, wir können es nicht genug betonen, im engsten Zusammenhang mit der Natur der Länder. Der stete und bedeutende Wechsel der Jahreszeiten erfüllt den Nordländer mit einer gewissen Unruhe. Aus dem strengen Winter sehnt er sich nach dem schönen Frühling, dem Sonnenschein, dem Gesang der Vögel, dem Duft der Blumen. Aber die Freude an all diesen Herrlichkeiten wird ihm wieder durch die anstrengende Arbeit für den kommenden Winter vergällt. Im Süden steht der Mensch nicht unter dem Druck dieser Natureinflüsse, gewinnt dadurch mehr Ruhe für sein äusseres Leben und auch mehr Freudigkeit des Geistes. So schwebt dem Nordländer stets ein idealer Zustand vor, den er immer zu erreichen hofft, in der That aber nie erreicht, für den sich die Leidenschaft zu hellen Flammen entfacht, um sich in der Stille in ewigen Hoffnungen zu verzehren.

Wir sind hier etwas weiter vom Thema abgeschweift, aber diese weitergreifenden Betrachtungen waren nothwendig, um auf dem uns vorliegenden Gebiet ein richtiges Urtheil fällen zu können, denn eine Seite des Geisteslebens kann niemals ausser im Zusammenhange mit den andern erkannt werden. Alle sind nur verschieden gebrochene Strahlen eines und desselben Lichtes.

Wir müssen nun noch einen Blick auf die gesellschaftlichen Verhältnisse der beiden Völker werfen. Die Stellung des Weibes, und namentlich auch die des jungen, ledigen Mädchens, ist in den germanischen Ländern eine ganz andere, als in den romanischen. Bei den Germanen ist das Mädchen frei. Es kommt aus dem elterlichen Hause hinaus, sieht Welt und Menschen, erhält eine, seinem künftigen Beruf als Hausfrau und Mutter entsprechende Erziehung, und wird durch das ungezwungene, gesellschaftliche Leben daran gewöhnt, dem jungen Manne frei gegenüber zu stehen, und offen mit ihm zu verkehren. Es hat deshalb Gelegenheit viele junge Leute zu sehen, sie kennen zu lernen und bei seiner Wahl nicht bloss die Leidenschaft, sondern auch Verstand und Herz ein Wort mitsprechen zu lassen.

Bei den Romanen ist das junge Mädchen fast von allem Verkehr mit jungen Männern ausgeschlossen und an das Haus gefesselt. Es darf nur in Begleitung der Eltern oder älterer Verwandten ausgehen, selbst nicht einmal auf kleine Entfernungen. Junge Leute lernt das Mädchen daher nur zufällig kennen. In der Kirche wird vielleicht während der Messe ein junger Mann auf seine Schönheit aufmerksam. Er findet sich regelmässig Sonntags in der Nähe der Schönen ein. Erwidert das Mädchen seine Neigung, so naht sich der junge Mann ihm bei Gelegenheit, wird aber sogleich darauf aufmerksam gemacht, dass er mit dem Papa und der Mama sprechen müsse, da man sich sonst hinfort nicht mehr sehen dürfe. Fasst sich der junge Mann ein Herz und gefällt er den Eltern, so darf er das Haus besuchen, und das ganze Liebesverhältniss spielt sich nun unter den Augen der Eltern und Verwandten ab, die auf's strengste über dem Liebespaar wachen. Dass unter diesen Verhältnissen von keiner tieferen gegenseitigen Kenntniss der Charaktere gesprochen werden kann, ist selbsverständlich. Alles bewegt sich in gewissen Formen, das Herz kann sich nicht frei und ungezwungen offenbaren und meistentheils erkennt man zu spät, dass man nicht für einander passt.

Bei dem gewöhnlichen Volk besteht in Süd-Italien die Sitte, dass der junge Mann, sobald er freien Zutritt im Hause der Geliebten hat, und namentlich, sobald er sich dem Mädchen fest versprochen — dies geschieht gewöhnlich schon in den ersten Tagen der Bekanntschaft; — auch fast alle Rechte des Ehemanns über dieselbe besitzt. Eine besondere Verlobung, bei deren Feier, wie in Deutschland, als Unterpfand des gegenseitigen Eheversprechens Ringe ausgetauscht werden, existirt nicht; wo das Eheversprechen von einem Geschenk begleitet ist, thut jeder andere Schmuck, jeder andere Ring denselben Dienst als der glatte Trauring in Deutschland. Aber die Liebenden gehören sich nur im Hause hinter den schützenden Mauern des Zimmers so eng an. Machen beide Sonntags mit den Eltern einen Spaziergang, so ist es dem Bräutigam niemals gestattet, seiner Braut den Arm zu reichen, sondern beide gehen getrennt neben den Eltern. Bei diesem engen Verkehr der jungen Leute im Hause tritt der Fall der Auflösung des Verlobungsverhältnisses nur selten ein. Dagegen giebt es hunderte von Fällen, in denen die Heirath hinausgeschoben werden muss, weil entweder der Mann noch keine den Lebensunterhalt sichernde Stellung hat, oder noch das Geld zum Ankauf der erforderlichen Hochzeitsgeschenke fehlt. Der Bräutigam muss nämlich der Braut unter allen Umständen goldene Ohrgehänge, verschiedene goldene Ringe und wo möglich auch ein goldenes Armband und eine goldene Uhr nebst Kette schenken. Bevor dieser Schmuck nicht beschafft worden, ist an keine Hochzeit zu denken. Um das nöthige Geld schnell zu beschaffen, spielt man gewöhnlich im Lotto, allerdings immer ohne Erfolg. Ist nun der junge Mann in dieser Zeit des Hoffens und Harrens des Mädchens doch überdrüssig geworden und zieht sich zurück, dann kommt es oft genug, ja fast gewöhnlich vor, dass das junge Mädchen im Sturm der Leidenschaften dem Manne, dem sie alles schon geopfert und der sie jetzt schnöde verlassen will, den Dolch ins Herz stösst oder ihn durch einen Verwandten ermorden lässt.

Nur zu gerecht ist in Italien im Allgemeinen die Klage über ein unglückliches Familienleben. Bandello's Novellen können in vielen Fällen noch heute als getreuer Spiegel desselben gelten. Aber die, welche sich am meisten darüber beklagen, die Männer, tragen entschieden den grösseren Theil der Schuld hieran. Die Liebe hat leidenschaftlich begonnen, aber in den meisten Fällen verliert sie sich im Sande, sobald die Flitterwochen (la luna di miele)

Himmel von Christus oder dem ewigen Gott beschlossen und geschaffen worden; sie sollte eine Rose ohne Dornen sein. Die Mutter gebar sie ohne Schmerzen unter einem weissen Schleier und zwar am Tage der Verkündigung, als zu heilbringender Zeit. Alle Glocken klangen zu jener Stunde, nur ihr zu Ehren; alles auf Erden freute sich. Ihr Pathe war der Kaiser, als Vertreter der höchsten irdischen Macht, die sich vor der Schönheit beugt; auch unser Herr und Maria selbst waren wohl bei der Taufe zugegen, Palermo, Messina, Neapel und Rom feierten das Fest ihrer Geburt. Von der Sonne nahm sie ihren Glanz, vom Schnee die blendend weisse Farbe der Haut, von den frisch erschlossenen Frühlingsrosen das Roth der Wangen, vom Zucker die Süssigkeit der Lippen und vom Zimmt den Hauch ihres Mundes. Die Thore des Paradieses öffneten sich und alle Himmel beteten die neugeborene Schönheit an. Zwei Sterne wurden ihr als Augen gegeben, ihr, die als neuer, leuchtender Stern im Orient aufging und ihre Strahlen bis in den fernen Westen warf.

Mineo: Die du im Osten, eine Sonne, wardst geboren,
Wo deine Strahlen glühten aus des Aufgangs Pforten,
Aus allen Völkern wardst du auserkoren,
Von Königen und Kaisern aller Orten.
Zwei schimmernde Sterne die Aeugelein,
Von Diamanten strahlt dein Antlitz wieder;
Und wenn du schläfst, mein Liebchen fein,
Steigt mit Gesang ein Heil'genchor hernieder. (Vigo 370.)

Toscana: Gegangen kam der Mond zur ew'gen Liebe,
Um sich vor ihrem Antlitz zu beklagen,
Dass er hinfort nicht mehr am Himmel bliebe,
Weil du ihm seinen Glanz davon getragen,

Und seine Klage tönt in lautem Schalle;
Er zählt sein Sternenheer und fand nicht alle,
Zwei fehlen ihm! — Du bist's, die sie ihm raubte,
Als Augen leuchten sie in deinem Haupte. 7) (Tigri 79.)

Ein anderes toscanisches Lied sagt: „Als du geboren wurdest, hehres Licht, da gab es im Himmel und auf Erden ein grosses Fest. Die Engel alle sangen mit lauter Stimme: „Die Kaiserin, die Herrin ist uns geboren!"

Die Geliebte wird auch wohl mit S. Lucia verglichen, von der sie die Augen empfing; S. Maddalena gab ihr die Haarflechten, und S. Rosalia, die Patronin von Palermo, nach einem palermitanischen Liede die edle Würde und Hoheit. Alle Heiligen verneigten sich, als sie in einem goldenen Becken, oder nach einem anderen Liede im Jordan vom Papste getauft ward. Die drei Könige des Morgenlandes, Fürsten, Kaiser und Herren kamen, um sie zu beschenken. Neun silberne Leuchter wurden angezündet, aber ihr Licht war überflüssig, denn als ihr Goldhaar über die Schultern herabfiel, ward die finstere Nacht sonnenhell. Zwei Nymphen hüllten sie dann in einen malteser Schleier. Ihre Schönheit ist so gross, dass selbst der Grosstürke (lu Gran Turcu) auf sie neidisch wird und sie für sich zu gewinnen sucht.*) Ein Magnet ruht zwischen ihren Lippen, und glückselig ist der, welcher von ihm an-

---

*) Des Grosstürken geschieht in den süditalienischen Volksliedern oft Erwähnung. Alle diese Notizen beziehen sich auf die türkischen Piraten, welche häufig die süditalienischen und sicilischen Küsten plünderten. Aci Reale, woher das betreffende Volkslied stammt, hat aus der Zahl der von dort entführten Mädchen vier Sultaninnen geliefert.

3*

gezogen wird und die Maid herzt und küsst. Die
Sterne begleiten sie, wohin sie geht, die Maid mit
der schneeweissen Brust und dem rosigen Antlitz.
Sie muss in einem goldenen Bett auf Sammt und
feiner Seide ruhen; der Kaiser schickte ihr bei der
Taufe eine kostbare Perle, die sie auf der Brust
trägt.

Als sicherstes Zeichen aber, dass die Geliebte
dem jungen Mann vom Schicksal bestimmt ist, gilt
es, wenn beide in derselben Nacht geboren wurden.

„Du trat'st in's Leben in derselben Nacht,
„Mein Herzlieb, als ich selbst zum Licht erwacht."

„Man trug dich ja zu mir, als du noch klein warst;
ich verliebte mich in dein Antlitz und habe dich im
Verborgenen bis jetzt geliebt. Nun aber kann ich
nicht mehr von dir getrennt leben. Du hast alle
Herzen in deiner Hand, denn man nannte dich bei
der Taufe Amore (Liebesgöttin). Doch ich wünsche,
dass mein Herz das von dir erwählte sei."

Wir haben bis jetzt nur den Jüngling kennen
gelernt, der von der Hoffnung beseelt ist, die Geliebte dereinst zu besitzen. Alle Vorzeichen sind
ihm günstig; das Mädchen hat ihm wohl gar schon
erklärt, dass sie seine Liebe voll und ganz erwidere,
und wenn er aus diesem Glück in seine dunkle, un-
interessante Vergangenheit zurückschaut, so leuchtet
ihm aus deren Nacht das Bild der Geliebten als
heller Stern entgegen. Er hat sie nicht jetzt erst
kennen gelernt, er hat sie nicht erst seit Wochen
und Monden geliebt, sondern sie waren von der
Wiege an für einander bestimmt.

Aber das heitere Bild hat auch seine Kehrseite. Die Geburt des jungen Mädchens hat viele junge Leute unglücklich gemacht. Einer kann nur ihr Geliebter sein, und doch sehen alle ihre Schönheit, doch üben ihre Reize auf alle jugendlichen Herzen einen solchen Zauber aus, dass sie sich für unglücklich halten müssen, falls sie diese Schönheit nicht besitzen können. Die leicht erregbaren Sicilianer haben auch dieser Seite des Liebeslebens Ausdruck verliehen: „Als du geboren wurdest, flohen die Sterne und schwarz bezog sich der Himmel. Alle Löwen brüllten, die Bären heulten und meine Sirene sang mir Zauberverse. Der Kaplan schrieb in's Buch: „Es ist ein Unglücklicher geboren! Nun giebt's keine Freude mehr! Es wäre besser gewesen, du wärst für mich nicht geboren worden! Schreibe mich in das Buch der Verlorenen!""

So singt in Sicilien der unglückliche Jüngling, und es lassen sich noch manche Varianten dieses Themas anführen. Der Schmerz des jungen Mannes malt sich in dem Liede noch ganz besonders in dem Personenwechsel. Die Klage hebt an mit der Geburt des Mädchens, geht dann aber in ein directes Zwiegespräch zwischen dem Kaplan und dem Liebenden über.

In einem anderen Liede aus Pietraperzia heisst es:

In Finsterniss sah' Sonn' und Mond man sinken,
Als ich geboren, — seltsam schien es allen,
Kein Sternlein sah man mehr am Himmel blinken,
Zu Leid und Qual hört man die Glocken schallen.

Hu — hu erschallte in der dunkeln Nacht
Des Uhu Ruf von der verfallnen Mauer.
Weil sie das Schicksal, das mir zugedacht,
Vorhergeseh'n, befiel die Mutter Trauer.　(Vigo 356.)

Die Phantasie ergeht sich oft in den grausigsten Bildern. „Als ich Elender geboren wurde, verwandelte sich der Mond in Blut. Die Sonne hielt sich drei Tage lang verborgen und der Wind blies herüber von der Lagune. Es weinte der Himmel der Sterne beraubt, dass Meer sprach in Brausen und Toben von meinem Unglück. Sieben Mädchen habe ich geliebt und habe sie alle nach einander verloren.“ In einem anderen Gesange von Modica heisst es; „Als ich geboren ward, schrieb das Geschick: „Ein unglückliches Geschöpf kam an's Licht; und wenn es Zucker regnete, er würde für mich zu hartem Marmor werden; wenn ein Baum tausend Blüthen trüge, sähe ich ihn an, er würde verdorren. Es wäre besser für mich, ich wäre nie geboren, denn ich bin ein Bild des Unglücks.“

So wie sich Himmel und Erde früher zur Feier des Glückes einten, so helfen sie jetzt das Unglück schrecklicher machen oder beklagen. Der Elende ist unter einem Unheil verkündenden Planeten geboren. Er geniesst nie auch nur den Schatten des Glücks. Der Thränenquell seiner Augen strömt seit seiner Geburt.

Schiebt aber der junge Mann den Grund der Abneigung des jungen Mädchens nicht auf das Schicksal, sondern auf persönlichen Widerwillen der Schönen, so kennt sein Zorn keine Grenzen. „Als du geboren wurdest, du hässliches Weib, da gab es hundert Erdbeben; der Boden wurde erschüttert und aufgerissen, und Pech regnete in Strömen."

Die Sicilianer haben die Geburt der Schönen in einer so charakteristischen Weise lyrisch auszubeuten gewusst, wie dies kaum jemals bei einem andern Volke stattgefunden haben mag. Unsere Darstellung hat sich daher auch bis jetzt vornehmlich auf Sicilien beschränkt. Viele der Lieder begegnen uns im Toskanischen und Römischen wieder. Oberitalien hat nur sehr wenige Proben aus dieser Klasse aufzuweisen. Um das oben entworfene Bild noch mehr abzurunden, müssen wir daher noch in einer kurzen Rundschau das Festland Italiens mustern. Natürlich kann es sich dabei nur um spezifisch neue Gedanken und Auffassungen handeln, denn oft wird es unmöglich zu entscheiden sein, ob ein augenblicklich in einem Theil des Festlandes bekanntes und gesungenes Lied, das in der Wahl oder Auffassung des Stoffes nichts Neues bringt, nicht aus Sicilien eingewandert sei.

Zunächt treffen wir ein toscanisches Lied, das gleich sehr bezeichnend anhebt: „Wundere dich nicht, dass du so schön bist, denn du bist am Meeresstrande geboren. Das Meerwasser erhält dich frisch und schön." — „Mit dir ist die Schönheit geboren", das ist der ewig wiederklingende Refrain auch hier. Sonne und Mond und alle Sterne kommen, diese Paradiesesblume anzubeten. „Ich bin oben im Himmel gewesen, wo man die heilige Schrift liest; ich habe das Evangelium erklären hören, als du ge-

boren wurdest, hehres Weib. Das verdorrte Gras
fing bei deiner Geburt an zu blühen. Wunder
geschahen über Wunder. Der ganze Himmel war
mit Sternen, Rosen und Blüthen bedeckt. Es war
Nacht und doch erhob sich die Sonne." In einem
Liede aus den Marken heisst es: „Bei deiner Geburt
entbrannte Streit zwischen Sonne und Mond", und
in einem anderen: „Alles Meerwasser wurde süss und
trinkbar. Sirenengesang wurde dir gegeben und der
Morgenstern schenkte dir seinen Glanz. Der Pfeffer
gab dir seine Stärke; den Hauch des Mundes gab
dir der Jasmin, und Cupido lehrte dich die Liebe."
In einem Liede aus Chieti werden noch besonders
die Korallenlippen und die Grazie der Rede erwähnt.
In einem Liede von Carpignano Salentino in
der Terra d'Otranto heisst es:

> „Sei hoch gepriesen, der die Welt erschaffen!
> Wie herrlich liess er sie entstehen.
> Er schuf die Nacht und lies den Tag ihr folgen,
> Den hiess er wachsen und vorübergehen.
> Er schuf das Meer so weit und unergründlich,
> Dass jedes Schiff darüber hin mag ziehen.
> Den Mond, die Sterne hat er uns gegeben:
> Er schuf auch Deine Augen, süsses Leben.
>
> (Compar. II. S. 177.)

Wir haben schon einmal darauf hingewiesen,
wie der Geliebte auf die Geburt des Kindes schon
so viele Züge aus dem späteren Leben der Jungfrau
überträgt. Das blonde Haar, das bei der Taufe
schon die Schultern umwallt, ist namentlich ein
solcher Zug.

Man kann sich die Lieder auf die Geburt der
Geliebten überhaupt nur so erklären, dass man an-

nimmt, der Bräutigam suche, die lange Zeit, welche vor seiner Bekanntschaft mit dem geliebten Mädchen liegt, auszufüllen, und gruppire nun alle seine Phantasiegebilde um den wichtigsten Moment dieses Lebensabschnitts, um die Geburt. Ein gewisser Fatalismus kennzeichnet alle diese Lieder, denn gewöhnlich wird sehr bestimmt ausgesprochen, dass beide nach dem Rathe des Schicksals von Jugend auf unabänderlich für einander bestimmt worden seien. Die Zeit des Hangens und Bangens in schwebender Pein muss endlich dazu führen, diesen Fatalismus zu bestätigen oder zu widerlegen. Aber diese Zeit ist noch so reich an Wechsel, so reich an Veränderungen, wie kaum ein anderer Abschnitt des Liebeslebens und in dieser unentschiedenen Lage beherrscht nur die Sehnsucht und tröstet nur die Hoffnung das unglückliche Herz.

IV.
Die Liebessehnsucht.

Wir fassen in diesem Kapitel alles das zusammen, was das Herz des Liebenden bis zu dem Augenblick in Aufregung setzen kann, in dem sein Schicksal entschieden wird, bis zu der Stunde, in welcher die Liebe entweder in der Ehe oder in der Trennung ihr Grab findet. Das Hangen und Bangen in schwebender Pein ist es, dem wir uns nun ausschliesslich zuwenden; es ist der Mittelpunkt des ganzen Liebeslebens. Die Annäherung an die Geliebte, ihre wechselnde Zu- und Abneigung, einmal erhaschtes Liebesglück und darauf folgende lange Trennung, ein süsser, verstohlener Kuss und ein missbilligender Blick aus den schönen Augen; die Liebeserklärung, Furcht und Hoffen, Widerstand und Hindernisse, Zorn und Eifersucht, Verzeihung und Versöhnung, Unglücksfälle und vielleicht gar der Tod, — alles dieses findet ein Echo im Volksliede.

Wenn wir in diesem Kapitel auch das ganze Thema der Liebe noch nicht erschöpfen, so umfasst es doch den ganzen Kern des Liebeslebens. Wenn die Nachtigall im Frühling ihr Nest baut, und ihren Hausstand für das Jahr einrichtet, dann lässt sie sich Abends nach vollendetem Tagewerk im blühenden Fliederbusch nieder und haucht ihr Liebessehnen in langen, vollen Tönen in die milde Maiennacht hinaus, und sie jubelt und jodelt so lange, bis die Jungen ausgeschlüpft und die neue Familie begründet ist. Dann verstummt sie. Und ist die Zeit, in der die Liebe im Menschenherzen erwacht, nicht für dasselbe der Gesang- und Nachtigallenmonat des ganzen Lebens, der so gut durchsungen und durchjubelt sein will, als der Lenz im Walde? Und an Tönen und Weisen, an Gefühlen und Gedanken fehlt es zu dieser Zeit der Kehle und dem Herzen wahrlich nicht. In einem bekannten Liede Rückert's heisst es:

> Und wer die Lieb' hat ausgesungen,
> Der hat die Ewigkeit errungen.

Denselben Gedanken drückt ein italienisches Volkslied aus Friaul nicht minder charakteristisch aus:

> Wär' die Liebe in ein Buch geschrieben,
> Welch' ein Buch müsst' das wohl sein! —
> Keine Barke würd' es tragen,
> Würd' kein Schiff genügend sein [8]). (Gortani S. 23.)

Und der Gesang ist nicht etwa eine oberflächliche Zugabe zur Liebe, sondern nach einem Ritornell aus den Marken giebt es überhaupt keine Liebe ohne Gesang. Es heisst da:

> Linsenblüthe!
> Wo man nicht singt, herrscht Lieb' nicht im Gemüthe.
> (Gianandrea 32.)

In Italien macht die Liebe den Jüngling aber
nicht nur zum Sänger, sondern auch zum Dichter. Er
begnügt sich nur selten damit, seinem augenblicklichen Fühlen und Sinnen in fremden Worten Ausdruck zu geben und nur nachzufühlen, was andere
zu eigenem Schaffen begeistert. Wohl lehnt er sich
an ein altes, weitbekanntes Volkslied an, um es aber
dann seiner augenblicklichen Lage entsprechend um-
zudichten. Am liebsten jedoch singt er nach einer
ihm bekannten Melodie seine Lust nach seiner Weise
in die Welt hinaus. Wenn die Liebe den italienischen
Jüngling aus dem Volk auch nicht immer schreiben
lehrt, so lehrt sie ihn doch aus eigener Brust singen.
Und das ist nicht etwa eine blosse Redensart. Wenn
in den Marken der Mais geerntet wird, so schüttet
man die Kolben auf die Tenne (aja). Die Nachbarn
unterstützen sich nun im Auspflücken der Körner.
Jünglinge und Mädchen sitzen bunt durch einander;
die Geliebte nimmt neben ihrem Bräutigam Platz,
und nun fliegen bei der Arbeit Scherzreden in poeti-
schem Gewande nach hüben und drüben. Einer
beginnt in einem bestimmten Versmass den Wett-
streit, und die Antwort in ebensolchen Versen lässt
nicht lange auf sich warten. Solche Gedichte, die
eben so schnell vergehen, als sie entstanden sind,
denn niemand zeichnet sie auf, wählen ihre Themata
aus allen möglichen Gebieten, hauptsächlich aber
aus dem Gebiet der Liebe. Es sind diese Versamm-
lungen corts d'amor, in denen die gaya scienza noch
in vollem Flor ist. Die art de trobar wird hier, wenn
auch nicht professionsmässig von Troubadours und

Jongleurs, so doch zufällig und der jedesmaligen
Gelegenheit entsprechend, von einem gesunden Land-
volke ausgeübt, das in diesen Liedern Zeugniss davon
ablegt, ein wie hoher poetischer Schwung ihm inne-
wohnt. In Süditalien nehmen die Improvisatoren im
Volke noch eine Stellung ein, die viel Aehnlichkeit
mit jener der fahrenden Sänger des Mittelalters hat.
Immer ist es die Liebe, welche Gesang und Dichtung
weckt. Sie hebt den Jüngling aus dem Volk aus
der gemeinen Wirklichkeit, in der er steht, heraus,
und führt ihn in das Reich der Ideale. In einem
umbrischen Liede heisst es:

> Und wollen mich die klugen Leute fragen,
> Von wem ich es gelernt, in Versen sprechen:
> Im Herzen muss ich jene Gluthen tragen,
> Die klingend, singend dann zu Tage brechen.
> Am Tag, wo Nenna mir zuerst begegnet,
> Da ward mit Versen mir der Geist gesegnet.
> Am Tag, wo Nenna's Lächeln mich liess hoffen,
> Sah ich die Thür des Paradieses offen.
> Und heut, wo Nenna's Herz in Flammen steht;
> Bin ich ein grosser König und Poet. (Marcoaldi: S. 41.)
>
> *(Heyse.)**

Bei dieser Gelegenheit sei es vergönnt, noch
gleich einige andere Proben anzuführen, in denen
auf die enge Beziehung zwischen Sang und Liebe
hingedeutet wird.

> *Marche:* Die Engel haben die Lieder gemacht,
> Aus dem Gesang nur Liebe spricht.
> Die Engel haben das Singen erdacht,
> Wenn man singt, denkt man an Böses nicht.
> (Comparetti IV. S. 1. 1.)

*   *   *

---

*) Die ohne Namen des Uebersetzers angeführten Lieder sind
vom Verfasser selbst übersetzt.

Marche: Ich möchte singen, wenn ich's nur verstände,
Ich liess mich wahrlich nicht soviel mehr bitten.
Ich möcht' nicht mehr, dass mir die Leute sagten:
Nun singe, der nicht singen kann, in unsrer Mitten.
Ich möchte nicht, die Leute sagten wieder:
Nun singe, der nicht singen kann, uns Lieder!
(Compar. IV. 21.)

* * *

Marche: Wie viele Leute, die mich singen hören,
Sie sprechen: „Selig, die mit dem zufriedenen Herzen!
Bei Gott, seid still, sonst möcht' ich fluchen,
Denn wenn ich singe, sing' ich meine Schmerzen.
(Compar. IV. 28.)

* * *

Marche: Das Turteltäubchen, mit der klaren Stimme,
Steht Morgens auf und girret überall;
Zum Pfade fliegt es, wo die Schönen wandeln,
Und seine Liebchen ruft's mit lautem Schall.
(Compar. IV. 29.)

* * *

Marche: Auf dem Apfelbaume singt die Nachtigall;
Doch singt sie nicht aus Liebe, sie singt aus Kummer
und Qual.
(Compar. IV. 30.)

* * *

Toscana: Mein Nachtgruss soll im Liede dir ertönen!
Ich grüsse dich, du Silberpalme,
Die man die Schönste rühmet aller Schönen.
(Tigri S. 321. 12.)

* * *

Toscana: Willst du, dass ich dich Ritornelle singen lehre,
So nimm den Stuhl und setz' dich zu mir nieder.
Sag' wie viel Sterne sind am Himmel, wie viel Fisch' im
Meere?
(Tigri. S. 320. 3.)

* * *

Diese kleine Auswahl von Liedern wird, glaube
ich, hinreichend zeigen, welche Stellung der Gesang
im Liebesleben hat. Das in Liebe aufjubelnde Herz
strömt über im Liede, und das Wort passt sich
gewöhnlich · einer bekannten Melodie an. Veranlassung zum Gesange bietet das Liebesleben im
reichsten Masse, und das liebeerfüllte Herz schliesst
sich nicht in sich selbst vor der Welt ab, sondern
strebt nach Mittheilung. Da aber die Liebe „Helfer
und Gesellen" verschmäht, so unterhält sich der
Liebende mit sich selbst, und das Liebeslied ist
oft nur das lautgewordene Selbstgespräch des
eigenen Herzens des Liebenden. Durch die Darstellung in Worten werden die sich im Herzen
kreuzenden Gefühle, die buntschillernd durch dasselbe
glitzern und blitzen, wie der helle Sonnenstrahl auf
der sanft bewegten Meerfluth, zur Klarheit gebracht,
und die Klarheit über den eigenen Zustand bringt
Ruhe in das aufgeregte Herz. „Sterne, Planeten,
und du Sonne mit dem Monde, schaffet mir ein
Sirenenlied! Ich wurde heute Morgen von vier
jungen Mädchen um ein Lied gebeten. Alle vier
sind dem Monde gleich; die am mindesten Schöne
ist wie der feine Bernstein; ich grüsse sie alle nach
einander: Aita,*) Dia, Filippa und Serafina." (Vigo
1146.) „Unter einem Felsen will ich mich setzen,
die ganze Nacht will ich Lieder schreiben. Soviel
will ich schreiben und soviel will ich studiren, bis
meine liebe Rosella ans Fenster tritt. Kaum naht

---

*) Aita, dimin. Agata. Dia, dimin. von Dorotea.

Badke, Das italienische Volk.   4 sie dem Fenster, so will ich sie anschauen; sie gleicht der Tochter des Kaisers. Geh', Rosella! geh', lege dir Flügel an, fliege zum Himmel empor und stürze die Sonne!" (Vigo 1148.)

Palermo: O du mein Lieb, du heisst mich singen,
Durch dich empfing ich des Gesanges Gabe,
Das ganze Meer kann nicht die Gluth bezwingen,
Die ich im Herzen zu ertragen habe.
Ich sing', ich sing', ich sing', mich zu befrei'n,
Ich sing', bis singend mir der Odem schwindet.
Wirst du Rosella kein Gehör mir leih'n,
So will ich singen, bis man todt mich findet.

(Vigo 1161.)

Ueberall haben wir es mit der Liebe zu thun, die Mutter des Gesanges wird. Und wie viele Lieder weiss Liebe zu singen? „Ich weiss mehr Lieder als Sandkörner am Meere, und mein Liebster lehret sie mich", so sagt ein Volkslied, und ein anderes beginnt so: „Absichtlich kam ich, um zu singen; ich habe eine ganze Liste von Liedern. Selig, der, welcher deiner Huld gewiss ist, denn er wird aus der Hölle erlöst und kommt in den Himmel. Selig, wer deinen schönen Namen und dein schönes Antlitz besitzen wird." „Wie schön ist es, wenn man gut singen kann und sich die Liebe der Leute erwerben. Ich kann dies nicht und deshalb kann ich euch auch kein Vergnügen machen."

So reich auch diese Zeit an Liedern ist, so kurz ist doch in Italien und im Süden überhaupt die Dauer des Hangens und Bangens in schwebender Pein. Der feurige Charakter des Südländers, der viel mehr durch augenblickliche Eindrücke als durch anhaltende Reflexion bestimmt wird, ist dem Zweifel

abhold, weil er das Herz bei der Gluth seiner Gefühle aufreibt. Der Südländer sucht auch nicht,
wie es der Nordländer so oft thut, in der Liebe nur
das: „zwei Seelen und ein Gedanke, zwei Herzen
und ein Schlag". Er ist in viel höherem Sinne Rea-
list auch in der Liebe. Nicht nur das Herz soll
befriedigt werden, sondern Auge, Ohr und Mund
suchen auch ihre Freude. Der Italiener weiss sehr
wohl, was er will, wenn er sich wünscht, bald mit
der Geliebten vereinigt zu werden. Es ist in Italien,
wie Boullier sagt: „Die Liebe vereint Seele und
Sinne". Sie fühlt nicht überall den Druck des christlichen Sittengesetzes. Des Italieners Ideal gipfelt
in dem, was Daumer einmal schön in den kurzen
Versen gezeichnet hat:

> Lieb ohne Lust, welch' eine Pein,
> Lust ohne Liebe, wie gemein.
> Die beiden aber im Verein
> Gewähren uns das höchste Sein.

In einem sicilianischen Liede heisst es (Vigo 502):
„Mein Lieb, mein Lieb, wie sehne ich mich nach
dir. Nach dir sehne ich mich heftiger, als nach
Gold. Wenn du wüsstest, wie viel ich dich suche,
wie sehr ich nach dir spähe, du Spiegel meiner
Augen, mir so theuer! Geht nur eine halbe Stunde
vorüber, ohne dass ich dich sehe, dann möchte ich
vor Schmerz sterben, und will ich meinen Schmerz
stillen, so küsse ich meine Hände, die dich berührten."
Wie zart und innig ist dies Volkslied, wie kindlich-
offen zugleich! Das Mädchen spricht, wie es ihm
um's Herz ist, ohne auf die klügelnde, alles kalt
berechnende Welt Rücksicht zu nehmen. Das

4*

Gefühl offenbart sich in seiner ganzen natürlichen Kraft, deshalb aber auch in seiner Reinheit und Wahrheit.

„O, die erste Liebe des Menschen, die Philomele unter den Frühlingslauten des Lebens, wird ohnehin immer, weil wir so irren, so hart vom Schicksal behandelt und immer getödtet und begraben; aber wenn nun einmal zwei gute Seelen im blüthenweissen Lebensmai, — die süssen Frühlingsträume im Busen tragend, — mit den glänzenden Knospen und Hoffnungen einer ganzen Jugend und mit der ersten, unentweihten Sehnsucht und mit dem Erstlinge des Lebens wie des Jahres, mit dem Vergissmeinnicht der Liebe im Herzen, — wenn solche verwandte Wesen sich begegnen dürften, und sich vertrauen und im Wonnemonate den Bund auf alle Wintermonate der Erdenzeit beschwören, und wenn jedes Herz zum andern sagen könnte: „Heil mir, dass ich dich fand in der heiligsten Lebenszeit, ehe ich geirrt hatte und dass ich sterben kann, und habe Niemand so geliebt als dich!"*) Ja, guter Jean Paul, wir beklagen es mit dir, dass der Wonnemonat des Lebens so oft zu einem Schmerzensmonat wird, und dass es so wenige Menschen gibt, die sich durch die Liebe über die Erde erheben lassen, aber Millionen, denen sie Veranlassung gibt, sich im Staube und Schlamm zu wälzen.

Wenn wir die Liebe, wie sie uns so oft im modernen Gesellschaftsleben als ein blosser Handel,

---

*) Jean Paul. Titan.

als ein Schritt, den man im eigenen pecuniären Interesse thut, der Liebe gegenüberstellen, die uns das ächte Volkslied malt, so werden wir, wenn wir diesem Gegensatz immer tiefer auf den Grund gehen, schliesslich auf einen Zwiespalt geführt, der sich zwischen der edleren geistigen Natur des Menschen und der bunten Wirklichkeit entspinnt, in die der Mensch im Leben gestellt ist, auf einen Streit, der wenn auch nur für Augenblicke, doch in jedem Menschen einmal lebendig wird. Das Herz tritt in Conflict mit dem Verstande. Der Geist, der gesunde Menschenverstand, — es ist unbestreitbar, · – hat unser Zeitalter gross gemacht, und er vor allem soll es leiten. Aber ganz sollte man die Pforten des Herzens doch nicht verschliessen, ganz sollte man sich das warme, menschliche Gefühl doch nicht verloren gehen lassen; vor allen Dingen sollte man die Liebe nicht so in den Staub treten, wie es leider heute so oft geschieht. Die Liebe ist das edelste, göttlichste Besitzthum des menschlichen Herzens, und wenn man die Axt an seine Wurzel legt, dann stirbt nicht nur der Baum der Liebe mit seinen duftigen Blüthen, sondern dann verstummen auch alle die fröhlichen Sänger, die in seinen Zweigen nisteten.

Der Mensch lebt nicht vom Brod und von der Verstandesarbeit allein; er kann nicht immer maschinenmässig arbeiten. Auch die frische Bergluft muss er aufsuchen, dem Gesang der Vögel lauschen, dem Sonnenschein entgegenlächeln, sein Haus vor den Geschäften der Welt verschliessen und das Herz der

Freude des Lebens öffnen. Wer den Verstand überall und immer herrschen lässt, bekommt schliesslich ein kaltes, fühlloses Herz, und unsere Zeit kann bei ihrer materialistischen Richtung warme Herzen sehr gut gebrauchen.

Wir kommen hier auf ein eigenthümliches Problem, die Lösung des Widerstreits zwischen Ideal und Wirklichkeit, ein Problem, das für die Liebe oft so verhängnissvoll wird und daher hier wohl eine kurze Beachtung verdient.

Das ganze Menschenleben ist ein ewiger Widerspruch, wir mögen es packen, wo wir wollen, — in der Geschichte der Völker oder gefesselt an einzelne Individuen. Glück und Unglück, Aufblühen und Sterben, schnelles Fortschreiten auf ruhmverkündender Bahn und jäher Sturz, treue Arbeit und der schlechteste Lohn, alles dies wechselt oft so widersinnig im Leben, dass es schwer hält, an einer vernünftigen Weltordnung festzuhalten.

Ein nie zu versöhnender Zwiespalt liegt in allem Sein, ein Dualismus ohne Ende. Die üblen Folgen dieses Zwiespalts würden wir wenigstens theilweise verhüten können, wenn wir die Gesetze erkennen könnten, nach denen sich beide feindliche Kräfte an einander reiben. Aber es lassen sich, wie die menschliche Erfahrung lehrt, für diesen Prozess keine sicheren und endgültigen Regeln aufstellen. Fast wie ein Lottospiel erscheint uns das Leben, das heute seine Gaben so, morgen so vertheilt, und in dem der Gewinn der Bedürftigsten gewöhnlich in Nieten besteht. Freilich können wir nur aus der Vertheilung der sichtbaren Lebensgüter einen solchen Schluss ziehen. Die Vertheilung der Güter und des Glücks des Herzens und des Geistes entzieht sich zum grössten Theil einer allgemeinen Beurtheilung, doch ist es sicher nur wenigen Glücklichen beschieden, geistig und materiell gleichmässig vortheilhaft bedacht worden zu sein. Nur wenige grosse Männer, an deren Geist und Mark Millionen Jahrhunderte hindurch zehren, lebten nach landläufigen Begriffen in glücklichen Verhältnissen. Viele kamen geistig um, wenn sie materiell in bessere Lebenslagen kamen. Die Noth lehrt eben arbeiten, und in der Arbeit liegt das Glück und der Werth des Menschen.

„Die Arbeit ist das Leben!" Dieser Satz ist der einzige, auf dem wir Pläne für die unsichere, dunkle Zukunft bauen können, denn aus der Grösse und dem Werthe unserer Arbeit können wir uns einen Massstab bilden für das, was folgen kann. Das Leben ist und bleibt auch dann noch in gewisser Weise ein Experiment, aber trotz der verkehrten Glückswirthschaft hat sich denn doch gezeigt, dass ein redlicher Arbeiter, wenn auch nicht immer Reichthümer erwirbt, so doch sein Leben ohne Noth fristen und sogar angenehm leben kann. Nur die Arbeit giebt wahre Zufriedenheit, und sie allein vermag daher in Wahrheit den Widerspruch zwischen dem idealen Zustand, der uns vorschwebt, und der Wirklichkeit, die uns umgibt, zu lösen. Nicht das Geld und der Reichthum ist die erste Grundbedingung aller Lebensfreuden, sondern die Arbeit. Der Mann von ächtem Schrot und Korn wird sich daher auch nicht begnügen,

auf seinen Goldsäcken ein faules Leben zu führen;
er kann sich nur dann glücklich fühlen, wenn er
auf einem Grunde steht, den er sich durch eigene
Arbeit legte, denn das Gefühl wahrer Menschenwürde ist an das Gefühl eigener Kraft geknüpft.
Nicht die Goldmine macht das Land reich. Das
fruchtbare Ackerland segnet Millionen von Menschen
mit seinen Gaben; mit jedem Frühling gebiert es
neue Schätze, indess die Goldmine nur einen kurzen
Glücksrausch heraufzaubert, nachher aber das Land
öde und wüst lässt.

Soweit es also auf uns selbst ankommt, uns das
Leben lebenswerth zu machen, könnten wir uns
schon damit zufrieden geben, zu wissen, dass wir
alle dazu nöthigen Mittel in uns selbst besitzen.
Aber nun kommen oft so bedeutende Winkel- und
Querzüge in unsern Lebensweg, die ausser aller
menschlichen und vernünftigen Berechnung zu liegen
scheinen, — und diese sind es, an denen oft die
besten Kräfte zu Grunde gehen. Nicht in uns selbst
liegt also der ganze Grund unseres Schwankens,
sondern auch ausser uns, denn unsere Pläne werden
von tausend anderen durchkreuzt. Der Mensch lebt
unter Menschen und muss zu Menschen Stellung
nehmen. Von dem grösseren oder geringeren Geschick, mit dem er dies thut, hängt sein eigenes
Wohlergehen vielfach ab. Die Einflüsse, welche von
aussen bestimmend auf unser Leben wirken, ohne
dass wir es nur ahnen konnten, haben wir uns gewöhnt, Schicksal oder Zufall zu nennen, gläubige Gemüther nennen sie Gottes Führung oder Weltordnung.

Schopenhauer sagt einmal: „Was die Leute gemeiniglich das Schicksal nennen, sind meist nur ihre eigenen dummen Streiche." Dies genügt aber nicht. Die dummen Streiche oder die schlechten Handlungen anderer bilden oft ein recht bedeutendes Material zu unserm Schicksalsaufbau.

Der Mensch hat demnach mit geistigen und materiellen, selbstgeschaffenen oder in seinem Wesen begründeten, und äusseren Schwierigkeiten auf dem Lebenswege zu kämpfen. Ihm werden Schranken gesetzt, und aus dieser Beschränkung erwächst der Gegensatz zwischen Wollen und Können, zwischen der Idee und ihrer Ausführung, — mit einem Wort der schon oben angedeutete Widerspruch zwischen Theorie und Praxis, zwischen Ideal und Wirklichkeit. Weil oft die besten Ideen hier im Leben nicht verwirklicht werden können, weil hier oft das Laster wohllebt und die Tugend im Schlamm verkommt, so nahm man auch seine Zuflucht zu der Annahme von der einstigen Vergeltung in einem künftigen Leben.

Jedermann wird dem Satz beistimmen, dass die wahre, edle, reine Tugend nach logischem Denken ihre Krone oder wenigstens ihre Anerkennung jedesmal im Leben finden sollte. Aber wie oft wird ihr diese zu Theil? Woran liegt dies? Nicht etwa an dem tugendhaften Individuum selbst, ebensowenig an übernatürlichen Einflüssen. Es liegt an den das einzelne Individuum umgebenden Mitmenschen. In der Theorie billigen wir den obigen Satz, aber in der Praxis? — Wir alle sind Mitmenschen auch tugendhafter Menschen, denn die Tugend ist noch nicht so ganz ausgestorben, wie uns einige Pessimisten glauben machen wollen, nur sind die menschlichen Augen gewöhnlich durch die Eigenliebe zu sehr verblendet, die Herzen zu sehr von Vorurtheilen in Beschlag genommen, um sie zu erkennen und anzuerkennen. In der Theorie, sage ich, billigen wir jenen Satz, in praxi aber versündigen wir uns fast alle an ihm. Theorie und Praxis liegen in beständigem Streit miteinander und sind doch auf's engste auf einander angewiesen, wenn nicht das ganze Leben eine grosse Utopie sein soll.

Theorie und Praxis sind im Leben das, was Geist und Körper für den einzelnen Menschen sind, Beide stellen sich gegenseitig gewisse Schranken. die nicht einseitig überschritten werden dürfen, wenn die Vereinigung beider, d. h. der gesunde vollkommene Mensch nicht zerstört werden soll. Uebermässige Pflege des Körpers, ohne gleichen Fortschritt des Geistes, würdigt den Menschen zum Thier herab. Geistige Extravaganzen, ohne Rücksicht auf den Körper, zerstören den lebenskräftigen Organismus und führen mehr oder weniger zum Wahnsinn. Das glückliche Leben liegt in der harmonischen Verbindung beider, in ihrer gleichmässig sich vollziehenden Ausbildung. Es sind dies alte, längst bekannte Wahrheiten, die aber nicht oft genug wiederholt werden können.

Was wir von Geist und Körper gesagt haben, gilt auch von Ideal und Wirklichkeit. Und hier kommen wir auf den Punkt, der uns zu der ganzen Betrachtung veranlasste.

Eine Seite unseres Geisteslebens, die sehr leicht zu den grössten Abnormitäten führt, ist ein gesteigerter oder schwankender Idealismus. Auch unsere Ideale müssen auf der ganz gemeinen Wirklichkeit basirt sein. Ohne diese Basis sind sie nichts als Hirngespinnste und Luftschlösser. Jedes Ideal, das nach den Naturgesetzen keiner wenigstens annähernden Verwirklichung fähig ist, kann wohl das Leben des Einzelnen immer noch in gewisser Weise fördern. aber im Ganzen wirkt es mehr zerstörend als schaffend. Luftschlössser bauen, heisst eben nicht dem Ideal huldigen, und noch viel weniger ist phantastisch und schwärmerisch mit ideal gleichbedeutend. Die Schwärmerei ist „eine Erhitzung der Seele von Gegenständen, die entweder gar nicht in der Natur sind, oder wenigstens das nicht sind, wofür die berauschte Seele sie ansieht." Die meisten unserer sogenannten Jugendideale sind auf trügerischen Hoffnungen und nichtigen Voraussetzungen auferbaut, und zerfliessen deshalb, je weiter wir ins praktische Leben eintreten, in Schaum.

> Men Kärlekens drömmar
> Kringswärma gerna i det blå *)

Die Schwärmerei beruht demgemäss auf Unkenntniss der natürlichen Verhältnisse der Dinge. Sie ist daher auch vornehmlich eine geistige Erscheinung, die dem Jünglingsalter der Menschheit und des Menschen angehört, in welchem uns, um mit

---

*) Tegnér. Frithiof Saga.

dem Volksausdruck zu reden, der Himmel noch voller Bassgeigen hängt. Schwärmerei ist der erste poetische Hauch, der über die Saiten des liebenden Herzens dahinweht. Schwärmerei ist der Gesang der Alten von einem verloren gegangenen Paradies, von einem goldenen Zeitalter. Schwärmerei ist die Hoffnung der Gläubigen auf ein mit allem Sinnenreiz ausgestattetes Eden nach diesem Leben. In ihr liegt eine unbestimmte Ahnung von allem Erhabenen, Hohen und Schönen, das wir im Leben wohl erringen möchten; sie ist der ganze glückliche Jugendtraum des Menschen, der ihn so hoch über das prosaische Alltagsleben emporhebt und ihn zum König der Schöpfung macht. Aber aus ihrem Kranze fällt mit dem Schwinden der Jahre und mit dem Eintritt in den Ernst des Lebens auch eine Blüthe nach der andern unweigerlich ab.

Der Idealismus hingegen ist an keine Alterstufe gebunden. Der achtzigjährige Greis kann nach einem Leben voll von Enttäuschungen noch ebensogut Idealist sein, als der achtzehnjährige Jüngling. Idealist sein, heisst nichts anderes, als für die Verwirklichung alles Erhabenen, Grossen und Schönen, das in der Natur der Dinge seinen festen Grund hat, das nach Abstreifung alles Gemeinen vom Leben übrig bleibt, mit einem Wort für eine geläuterte, höhere, reinere und freiere Form des Lebens zu leben. Der Idealist sucht kein Leben auf anderen Grundbedingungen, als die durch die Natur unserer Welt gegebenen; er strebt nur eine Reinigung und Läuterung desselben von allen Schlacken und die Entwickelung des Menschen zur vollkommenen Menschenwürde an. Und für die Verwirklichung dieses Gedankens arbeitet er, denn er kann sich unmöglich mit der blossen Hoffnung auf Verwirklichung desselben begnügen, wenn er nicht auch in Schwärmerei und Träumerei versinken will. Der wahre Idealismus hat daher zwei Grundbedingungen: Kenntniss der natürlichen Verhältnisse der Welt und Thatkraft.

Die Ziele des Idealismus werden immerhin etwas Unbestimmtes behalten, da sich das Schöne, das Erhabene, das Edle nur negativ einigermassen bestimmen lässt. Das Ideal wird je nach den Anlagen des einzelnen Individuums auch etwas andere Formen annehmen. Aber trotzdem werden wahrhaft ernst strebende Menschen in diesen unlehrbaren Anschauungen niemals weit auseinandergehen und wenn auch auf verschiedenen Wegen, doch zu demselben Resultat gelangen, d. h. Ideale verfolgen, deren Verschiedenheiten, gegenüber dem aus ihrer Verwirklichung entspringenden Gewinn, von geringem Belang sein werden. Die Schönheiten Rafaels sind nicht die Michelangelos oder Tizians; der Idealismus Schillers ist nicht der Goethes, Shakespeares, Dantes, Leopardis, Platos, Kants oder der indischer und chinesischer Weisen, und doch gehen alle Hand in Hand, wenn es auf Verwirklichung des Schönen und Edlen in seiner Gesammtheit ankommt.

Und ebenso gibt es auf dem Gebiet der Moral eine Unmasse von Sätzen, die bei allen Völkern, unter allen Himmelsstrichen und in allen Zeitaltern als wahr anerkannt wurden. Ja, es würde nicht schwer werden, eine Menge gleicher moralischer Vorschriften zusammenzustellen, die unter verschiedenen Völkern, ganz unabhängig von einander das Licht der Welt erblickt haben. Alles dies beweist uns, dass wir auch für die schwer oder gar nicht definirbaren Dinge einen gewissen Massstab in der Natur des Menschengeschlechts haben. Er beruht auf einem feinen, naturgemäss entwickelten Gefühl für das Schöne.

Das Ziel des Idealismus ist sonach kein anderes, als die durch Kunst veredelte und zur Vollendung herangebildete Natur, ein reines, fleckenloses, freies Menschenleben in jeder Beziehung.

Ueber die Bedeutung des Idealismus für die Welt noch ein Wort zu verlieren, würde demnach lächerlich sein. Aber die Frage: „Welche Schranken stehen der Verwirklichung desselben im Wege?" ist durchaus nicht überflüssig, sondern im Gegentheil recht wichtig. Doch reden wir im Beispiel.

Versetzen wir uns in ein Theater, auf dem uns eine gute Tragödie vorgeführt wird. Wer nimmt nicht für den Helden des Dramas Partei? Wer eilt nicht schon dem Dichter voraus, um die tragische Gerechtigkeit erfüllt zu sehen? Das Laster muss zum Fall und zur Strafe gelangen, der Held muss, wenn auch sterbend erst, gekrönt werden, das verlangt die tragische Gerechtigkeit. Wer ist nicht, wenn die Gegensätze zwischen Tugend und Laster so nahe bei einander und so scharf gezeichnet werden, begeistert für die erstere? Was ist es, das uns oft so

packt, dass unser Auge die Vorgänge auf der Bühne
nicht mehr sieht, und das Herz sich plötzlich darnach
sehnt, mit sich allein zu sein und den Schwarm der
Zuschauer zu fliehen? Es ist das unbekannte Etwas,
das wir im Leben so selten finden, weil wir die Augen
nicht offen haben, das uns der Dichter aber mit
kühnem Wurf, in einschneidenden und treffenden
Worten, im verschlungenen aber klaren Aufbau der
Handlung vor die Seele führt und zum klaren Bewusstsein bringt. Und doch — nachher — wird
alles wieder so kühl! Da findet man nicht die vernünftige Weltordnung, die der Dichter in der end-
lichen Lösung des Problems wenigstens andeutete.
Das Leben, wie es in Wirklichkeit ist, scheint uns
von dem Bilde, welches der Dichter vor uns ent-
rollte, so himmelweit verschieden! Wie selten über-
blicken wir auch so ein lebenslanges Heldenthum,
das sich oft in schmutzige Strassen oder in's einsame
Zimmer zurückzieht, das auf dem Krankenbett im
Winkel, unter Leiden und Schmerzen doch mit dem
göttlichen Troste endet: „Du hast als wahrhafter
Mensch gehandelt und gelebt". Das Leben ist voll
der ergreifendsten Tragödien, nur mangelt uns das
Auge, sie klar und abgeschlossen zu erkennen, und
das Herz, uns für die Helden derselben zu erwärmen.
Im Geräusch des Tages, in der Hast und Eile, die
unsere Schritte einem geträumten irdischen Glücke
entgegen treibt, wird uns das Leben nur zu leicht
zu einem bedeutungslosen Spiel, in dem wir jede
Ordnung vermissen, in dem wir jene Weltordnung
nicht wieder finden, die wir im Kunstwerk überall

über dem Leben der handelnden Personen walten sahen. Mit einem Wort, wir sind nicht stark genug zu behalten, dass diese vernünftige Weltordnung auch in unsere Hände gelegt ist und wir für ihre Ausführung Sorge zu tragen haben. Und nun kommen wir auf die Liebe. Steht auf diesem Gebiet die Frage über Ideal und Wirklichkeit ebenso und lässt sie sich vernünftig lösen? Die Lösung ist hier schwerer, denn irgend sonst wo, weil in der Liebe das Gefühl stärker mitspricht als der Verstand. Ich will auch hier in Beispielen reden:

Ein Jüngling mit den besten Aussichten für die Zukunft, mit Kraft und Arbeitslust, und voll Gefühl und Begeisterung für Welt und Menschen lernt ein junges Mädchen kennen und lieben. Beide treten sich von Anfang an frei, offen und unbefangen gegenüber. Der Jüngling sieht in der Vereinigung mit der Geliebten seinen höchsten Herzenswunsch erfüllt, das Mädchen erkennt in ihm die Stütze ihres Lebens. In kurzer Zeit ist der Bund der Seelen fest geschlossen, und doch hat noch keines von beiden so recht verstandesgemäss an das fernere Leben gedacht, denn die materiellen Interessen treten bei der wahren Liebe immer in den Hintergrund. Doch muss endlich einmal an dieselben gedacht werden. Nun stellt sich heraus, dass entweder die weiteren Pläne des Jünglings umgeworfen werden müssen, weil keine Mittel vorhanden sind, sie auszuführen, oder der Jüngling muss, wenn er ehrgeizig ist, seine Liebe über Bord werfen. Auf einer Seite steht hier ein aussichtenreiches Leben, auf der andern Seite ein

armes, aber so unendlich liebereiches Herz! — Wie
wird nun die Entscheidung ausfallen? — Jedermann
mag sich aus seinen eigenen Erlebnissen darauf Antwort geben. Da ist auch ein Ideal, — aber nicht
der Muth, es zu verwirklichen. Da ist in der Liebe
alles zu gewinnen, was ein Menschenherz zu bieten
vermag, — eine reinere, glückseligere Liebe würde es
nicht geben; — aber diesem Paradiese stehen Reichthum und Ehre gegenüber, und für diese muss jenes
liebende Herz, das sein Alles freudig opferte — in der
Verlassenheit vielleicht brechen. War hier die Liebe
blosse Schwärmerei, die nur Vorspiegelungen machte,
die sich nicht verwirklichen liessen. O nein! Es war
eine ideale Liebe, eine reinere, herrlichere findet das
Herz nie wieder, und doch geräth hier der Idealismus
in die Brüche. Weshalb näherte man sich nicht
vorher mit diesen kalten Berechnungen, statt jetzt mit
ihnen und durch sie von einander geschieden zu werden,
um unglücklich zu sein vielleicht für's ganze Leben.

Wie steht es hier um Ideal und Wirklichkeit?
Wenn eine solche Geschichte sich auf dem Theater
abspielt, ich meine, dass das arme Mädchen sich zuletzt aus irgend welchem Grunde, der aber für den
Mann immer massgebend genug ist, betrogen und verlassen sieht, da ergreift jeder für sie Partei. Er würde
den Faust anders gespielt haben, um Gretchen nicht
im Kerker sterben zu sehen. Aber Fauste, sieh' dich
nur selbst im Leben an, und handle hier auch wirklich nach deinen Theaterabendgedanken. Halte an
dem Herzen, das dich rein und lauter liebt, fest,
vertraue auf deine Kraft, die sich auch neue und

andere Bahnen und Wege schaffen wird, als die von dir erträumten, über deren Nutzen für dein Leben du ja doch auch noch selbst im Unklaren bist. Opfere das Gut, welches du besitzt, nicht für ein Scheinbild! Hältst du dafür, dass dein Auge verblendet gewesen sei, als die Liebe in dir erwachte, so geh der Sache einmal recht auf den Grund, dann wirst du erkennen, dass du in der Liebe alles das fandest, was du von ihr erwarten konntest, dass du aber selbst von jenem idealen Standpunkt herabgesunken bist und deine Ideale um weltlichen Lohn verkauft hast.

Ich habe hier eine Frage berührt, die unendlich tief in unsere jetzigen gesellschaftlichen Verhältnisse eingreift. Unsere verfeinerte Cultur, das bewegliche Leben, das Ringen und Jagen nach hervorragenden Lebensstellungen, das ewige Trachten und Dichten nach Reichthum und vergänglichem Gut verstockt so viele Herzen und hat auf das Liebesleben einen oft unberechenbar verderblichen Einfluss geübt. Wie viele Lebensstellungen gibt es, die dem Manne erlauben, zur rechten, natürlichen Zeit der Wahl seines Herzens zu folgen? Die menschliche Natur ist aber im Wesentlichen dieselbe geblieben und das Herz verlangt in einem gewissen Lebensalter unabwendbar Liebe. Welcher Ausweg oder welche Auswege bieten sich da? — Jeder kennt sie! Sie können alle das Verderben nur begünstigen. Aber überlegt man auch, welchen Einfluss diese Zustände auf unsere ganze Gesellschaft ausüben? Denkt jeder daran, dass Treu und Glauben, Wahrheit und Vertrauen, Tugend und Sitte an dieser gefährlichen Klippe Schiffbruch leiden oder wenigstens an den Abgrund des Verderbens gerathen? Wie viele Herzen werden bei diesem Leben nicht steinhart und fühlen beim Anblick der endlich erwählten zukünftigen Lebensgefährtin ähnlich, wie angesichts eines mit Gold beladenen Esels? Wie arm ist so ein Herz! Aber wie reich ist jenes auch, das Liebe nur mit Liebe vergolten haben will. Nur eine solche reine, unverfälschte Liebe durchweht mit ihrem Wonnejubeln und ihren Seufzerhauchen die italienische Volkspoesie.

„Ich möchte wissen, ja wissen möcht' ich, ich möchte deine Meinung wissen. Ob du mir gut bist möcht ich erfahren, oder ob deine Worte nur erheuchelt sind. Zu St. Peter möcht ich gehen, ihn um den Schlüssel zu bitten. Mit dem Schlüssel werd' ich dein Herz erschliessen, und wenn es erschlossen, werde ich sehen, ob dein Herz wie meines ist." (Vigo 510.)

Da haben wir ächte Naturlaute eines um Liebe werbenden Herzens, bei denen uns der Gedanke an klingendes Gold auch nicht im Enferntesten in den Sinn kommt. Oder hören wir ein anderes Lied.

> Aci: Wär' ich ein Quell, ich spränge zu Thale,
> Vor deiner Thür; du kämest, dich zu waschen.
> O wär' ich, draus du trinkst', die Schaale,
> Und tränkst du, würd' ich tausend Küsse naschen,
> Wär' ich, darin du schläfst, das Bette,
> Die Decke, die dich warm umhüllet!
> Noch eine Gnade, Lieb', die gern ich hätte:
> — Wär' ich die Freude, die dein Herz erfüllet.
>
> (Vigo 511.)

5*

Dies sicilianische Lied findet sein Echo in einem napoletanischen, das dieselbe Liebe, nur in etwas traurigerer Stimmung verräth:

Napoli: Mir zu Gefallen, wenn ich sterbe, Lieb,
Lass unter deiner Schwelle mich begraben.
Komm' und geh' über mich, wandelnd, Lieb,
Nicht Weinen, — Seufzer will ich als Klagen haben.
So wie die Nachtigall singe du:
Durch ihre Lieder die Seufzer wehen.
O, wär' ich als Kind gegangen zur Ruh,
Und hätt' dich mein Auge nimmer gesehen.
— Nun du dem Herzen schlägst so tiefe Wunde,
Sei hochgepriesen uns'rer Liebe erste Stunde.
(Compar: IV. S. 369.)

Ich füge hier noch gleich einige Lieder ein, die ihrem Inhalt nach hierher gehören.

Venezia: Du bist so schön, und ich darf dich nicht lieben?
Das Schifferhandwerk hiess man mich erküren.
Auf meine Segel will ich Lieb' dich malen,
Und auf die weite See mit mir dich führen.
Und fragt man mich: „Was soll das Bild bedeuten?"
Ist meine Antwort: „Liebe heisst mich's führen!"
Zu einem schönen Mädchen hat's mich hingetrieben,
Nur sie und keine Andre will ich lieben.
(Bernoni III. 17)

*   *   *

Sicilia: O Gott, wär ich ein Vöglein und könnte fliegen!
Wie wollt' ich fliegen und zu dir eilen.
Auf deinen Knieen wollt' ich mich wiegen,
Dir meinen grossen Kummer mitzutheilen.
Die Leute spähen, wohin mein Weg sich wende;
Ich soll nun nimmermehr bei dir sein.
Alle Freude und Lust sind nun zu Ende.
Ich gehe von hier, doch denke du mein.   (Pitré 61)

*   *   *

Morciano: Mein theures Lieb, aus fernen Landen,
(Terra d'Otranto) Von ferne fliegt mein Seufzer zu dir,
            Du schläfst auf Blumen, — ich in Banden,
            Das Herz in Fesseln legten deine Hände mir.
            Mein Herzblut würd' ich darum geben,
            Könnt' auch nur eine Stunde uns vereinen.
            Dein Name Lieb' erhält allein mein Leben,
            Denn von dir ferne muss ich immer weinen.

                              (Comparetti III. S. 274.)

*   *   *

Sicilia: Nun bin ich alt! O weh! Ich harrte immer,
            Wie die Väter des Messias harrten.
            Dich zu besitzen hoff' ich, doch weiss ich nimmer,
            Wann mich des Glückes Stunde wird erwarten.
            Ein Mond verstrich, ein Jahr ist hingegangen;
            Nun zittre ich, du werdest anders denken.
            Mich kümmert's nicht, mich so in Pein zu bangen,
            Wär' ich gewiss, du würd'st dein Herz mir schenken.

                              (Pitré 79.)

*   *   *

Avellino: Nicht Schlaf, nicht Ruh' lässt mir mein Sehnen.
            Die ganze Nacht seh' ohne Schlaf ich scheiden.
            Die Sonne kommt und findet mich in Thränen,
            Nun könnt ihr arme Augen nicht mehr leiden.
            Ihr geht zur Ruh um auszuschlafen
            Von all den Qualen, die euch trafen.

                      (Imbriani. Canti Avellin. S. 9.)

*   *   *

Toscana: Sag' mir, mein Schatz, wie soll ich's weiter treiben,
            Wie mach' ich's, meiner Seele Heil zu retten?
            Zur Kirche geh' ich und kann dort nicht bleiben.
            Ave Maria selbst vermag ich nicht zu beten.
            Zur Kirche geh' ich, — beten kann ich nimmer,
            Dein schöner Name liegt mir stets im Sinne.
            Zur Kirche geh' ich, — beten kann ich nimmer;
            An deinen schönen Namen denk' ich' immer.

                            (Tigri 262.)

*   *   *

Toscana: Dein blondes Köpfchen erhebe und schlafe nicht,
Und zeige dem Schlafe, wie er so nichtig.
Vier Worte will ich dir sagen, mein Licht,
Und alle vier sind bedeutend und wichtig.
Das erste ist, dass du mich sterben heissest.
Das zweite, dass ich dich endlos liebe.
Das dritte, dass ich mich dir empfehle,
Das letzte, dass ich dich zur Liebsten erwähle.

(Tigri 263.)

* * *

Militello: Du Allerschönste sag' ich's unumwunden,
Dass deine Augen mich sterben heissen.
Mit einer Kette hast du mich gebunden,
Und sprachst zu mir: „Die kannst du nicht zerreissen!"
Mich zu befrei'n, kommt nie mir in den Sinn,
Wenn du nicht kommst und reisst die Bande nieder.
O sei mir gut, da ich noch bei dir bin;
Verlierst du mich, — findst du mich nimmer wieder. 9)

(Vigo 532.)

* * *

Wir sehen, auch in Italien schlagen diese Lieder häufig einen traurigen Ton an. Aber der Mehrzahl nach huldigen sie der Lebensfreude und sprechen die Erwartung eines paradiesischen Lebens in den Armen der· Geliebten aus: „Im Hofe stehen zwei schöne Palmen; ein schönes Mädchen von vierzehn Jahren weilt dort, das mir mein Herz geraubt hat. Die Mutter hat es mir schon seit zwei Jahren versprochen . . . . . Jetzt endlich, Mädchen, entreisse mich drum der Qual." (Vigo 519.) Eine Blume möchte der Jüngling werden, damit sein Lieb komme, sie pflücke und an's Herz lege. „Wir sind zwei Herzen, fest verkettet, und bilden beide nur ein Leben. Wenn du dich mir nicht zeigst, so verzage ich, darum gib mir Erhörung."

Wir deuteten oben schon an, dass die Liebe die Mutter des Gesanges ist. Aber wenn sich die Gelegenheit bietet und die Umstände es erfordern, wird die Tochter der Mutter leicht abtrünnig. Wird die Liebe des jungen Sängers nicht so erwidert, wie er es gehofft hatte, so erscheint er zunächst wohl resignirt: „Ich singe für niemand. Wenn ich singe, so singe ich eben. Mein ist der Mund. Wer mich nicht hören will, mag fortgehen." (Compar. VI. 16.) Dann wird das Lied zum Klagegesang.

Carpignano: Dem Wald hab' ich mein Leid erzählt
Und Mitleid fühlt er mit meinen Schmerzen.
Erbarmen hatten die Bäume mit mir! —
Du siehst meine Qualen mit eis'gem Herzen.
Die Bäume hatten mit mir Erbarmen,
Viel grössres Mitleid erhofft' ich von dir.
Es klagten die Blumen um mich Armen,
Herzloser als Blumen bist du mit mir.

(Compar. III. S. 172.)

Endlich aber weiss das Lied nur von Hass, Spott und Rache. Hat die Geliebte den Werbenden abgewiesen, so verwandelt sich dessen Zuneigung in Abscheu. „Du Hässliche, du Ungestalte, du Sonnengebräunte, du singst und bist doch nicht zum Singen berufen. Du hast ein Gesicht, hässlicher als das des Teufels, und hässlicher als die Farbe eines gefleckten Kürbisses". (Compar. IV. S. 20.) „Sei ruhig, Elster", hebt ein anderes Lied an, und es liesse sich eine ganze Anzahl solcher Epitheta ornantia der einst Geliebten zusammenbringen. „Du hast dir den Mund mit Schinken beschmiert, und nun kommst du, mit mir zu singen, du Rothschnabel! Du hast dir den

Mund mit Schmalz beschmiert, und nun kommst du
mit mir zu singen, du hässliches Rabenaas! Du hast
dir den Mund mit Fenchel beschmiert, und nun
kommst du mit mir zu singen, Schweinsgesicht![10])
(Compar. IV. 23.)

Aber die Waffe des Gesanges richtet sich auch
gegen alle, die dem Liebenden auf seinem Wege
hinderlich sind. „Selbst bei Nacht kann man nicht
mehr singen, wegen der vielen Bravi, die hier sind.
An jeder Ecke stehen ihrer hundert. Aber sie mögen
sich vorsehen; ich habe einen Dolch, der Eisen und
Stahl durchbohrt; der in der Hölle von kunstfertigen
Händen geschliffen ist." (Compar. IV. 22.) „Was hilft
mir mein Singen, denn mein Lieb' ist fern. Singe du
Gefährtin, denn ich bin krank seit vier Tagen, seit
ich nichts mehr von dem Geliebten weiss." (Compar.
IV. 37.) „Ich war immer ein fröhlicher Junge, und
immer hatte ich Freude am Gesange. Nun ich aber
grösser bin, lassen mich die bösen Zungen nicht mehr
leben. Wenn das Feuer die bösen Zungen ver-
brennte, so wollte ich mit der Liebe leichtes Spiel
haben, denn die bösen Zungen und die schlechten
Leute lässt der Neid gegen die Vernunft sprechen."
(Compar. IV. 34.) Oder der Jüngling hat ein Mädchen
unglücklich geliebt und sucht nun durch eine neue
Liebe sich die Gedanken an die alte aus dem Sinne
zu schlagen. „Ich kann nicht mehr singen, denn ich
bin hinausgegangen. Ich that Unrecht, draussen zu
schlafen. Ich machte mein Bett mitten auf einer
Wiese; der Thau diente mir als Betttuch; die Decke

waren Blumen und mein Kopfkissen das Herz eines Mädchens." (Compar. IV. · 39.)

Venesia: Geh' singend ich an deinem Haus vorüber,
Glaub' Schöne nicht, du liess'st mir keine Ruh.
Ein ander Liebchen hab' ich mir erwählet,
Das zehnmal schöner ist als du. (Bernoni VII. 38.)

Es kann uns nicht Wunder nehmen, dass ein Mann ein und dasselbe Mädchen, wenn er es liebt, bis in den siebenten Himmel erhebt, wenn er von ihm verschmäht wird, bis in die tiefste Hölle verdammt. In der Liebe offenbart sich der menschliche Egoismus in seiner höchsten Kraft und · in seinem grössten Umfang. Das, was der Mensch liebt, ist das Schönste auf der Welt, denn der Egoismus fordert, dass er dies besitze, das, was er hasst, ist das Abscheulichste von allem Existirenden, weil es sich seinem Egoismus nicht fügt. Ausserdem ist und bleibt die Zeit der ersten Liebe leicht eine Epoche der grössten Illusionen, denn der Mensch macht sich unter der Herrschaft dieser Liebe zu sehr von allem los, an das seine irdische· Existenz geknüpft ist. Die Liebe allein ist Lenkerin und Leiterin seines Urtheils und es muss nothwendigerweise einmal eine Zeit der Enttäuschungen, wenigstens der Abkühlung dieses heissen Gefühlslebens kommen. Aber lasst den Glücklichen ihre Träume. Die Liebe erhebt das Herz über die Welt hinaus, führt uns einer geistigen, reineren und höheren Welt zu, die wir in unseren seligsten Lebensaugenblicken ahnen. Vielleicht, dass sie nur eine höhere, vollendetere Stufe unseres Daseins bezeichnet, eine Stufe, deren Wonneschauer

uns hier für Augenblicke zu Theil werden, die wir
für die schönsten des Lebens anzusehen allen Grund
haben. In diesem einen, unendlichen und allmächtigen Gefühle sind wir einmal frei von allen niederen
Leidenschaften. Versunken und vergessen in seligem
Verkehr, schwingen wir uns triumphirend über diese
Welt empor. Hier fällt die Liebe mit der Religion
zusammen; allerdings nicht mit den Zerrbildern der
Religion, wie sie uns in Dogmen und Confessions-
bekenntnissen zurecht geschnitten worden ist, sondern
mit der reinen, natürlichen Religion, die sich bei
allen Völkern gleich offenbart, dem Streben des
edlen, reinen Menschen nach Vervollkommnung. Die
Liebe ist die Religion des Herzens. Daher kommt
es auch, dass sie die Krone, das Erstlingsgebot so
vieler Religionen geworden ist, denn in keinem anderen Gefühl des menschlichen Herzens offenbart
sich der Mensch so rein, macht er sich so von allen
Schlacken frei, als in ihr. „Liebe haust an jeder
Stätte, mag's Moschee, mag's Kirche sein," singt die
Nachtigall von Schiras, und diese reinigende und auf
das Höhere leitende Kraft der Liebe hat Niemand
so schön in Worten dargestellt, als der grosse persische Mystiker Dschelal-Eddin-Rûmi.

> Liebe verrathen schwere Seufzer ja! —
> Kein Leiden kommt der Liebe Leiden nah.
> Kein Kranker gleicht dem Liebekranken;
> Auf zu Gott weist die Liebe den Gedanken!
> Ob sie vergänglich, ob sie unvergänglich:
> Liebe macht stets den Sinn für Gott empfänglich.

„Nur Liebe kann dem Herzen Kunde geben, es
wohn' ein Geist, ein Gott in allem Leben." Liebe allein

lehrt die ganze Welt mit warmem Herzen umfassen; sie findet sich überall wieder, vom kleinsten Wurme bis zum entferntesten Stern, der die Nacht durchzittert. In diesem Sinne kann derselbe persische Dichter sagen:

> Ich sah empor, und sah in allen Räumen Eines;
> Hinab in's Meer, und sah in allen Wellenschäumen Eines,
> Ich sah in's Herz, es war ein Meer, ein Raum der Welten
> Voll tausend Träum'; ich sah in allen Träumen Eines.
> Herzen, Welten, eure Tänze stockten, wenn Lieb' im
> Zentrum nicht geböte.

„Die Liebe ist des Lebens Kern." Wir brauchen die Meisterwerke der verschiedenen Literaturen nicht zu durchmustern, um glaubwürdigere Zeugnisse als das Rückerts beizubringen, aber wir hören auch nicht auf die grämlichen Alten, die Liebe wie ein Knabenspiel ansehen, und die in ihr die grösste Illusion erblicken, welcher sich der Mensch hingeben kann. Wir begeistern uns für die Liebe und mit uns alle die, welche ein offenes Herz für die Welt und das Menschenleben haben. Mag sie immerhin ein Traum sein! Aber sind dem harten Verstandesmenschen, wenn er am Grabesrande steht, und auf sein langes Leben zurückblickt, alle seine weise durchdachten Handlungen, alle seine Thaten, mehr als Träume? Und schliesst der Traum der Liebe etwa die Verstandesarbeit aus? Sollte es sich nicht besser und fröhlicher arbeiten im Frühlingswalde, beim Gesang der Drosseln und Nachtigallen und im Duft der Maiglöckchen, als auf der sonnigen, kahlen Ebene, wo kein Laut das Ohr trifft? „Ein Leben ohne Liebe, ohne die Nähe der Geliebten, ist nur eine Comédie à tiroir,

ein schlechtes Schubladenstück," „Kärlek är ska-
pelsens rot, Guds väsen."

Und wenn wir uns von der idealen zur prakti-
schen Seite des menschlichen Lebens wenden, —
welchen Einfluss übt die wahre, ächte Liebe nicht
auch hier aus? Die wahre Liebe führt zur Ehe,
und „die Ehe ist der Anfang und Gipfel aller
Cultur."

Dies Wort stammt von Goethe, von demselben
Goethe, der uns in hunderten von Varianten den Satz
hinterlassen hat: „Glücklich allein ist die Seele, die
liebt," und der sich doch nur gezwungen unter das
Joch der Ehe beugte. Es ist merkwürdig, dass gerade
viele von den Männern, die das Wesen der Liebe
am tiefsten ergründet haben, doch vor der Ehe zu-
rückschreckten. Diese Schwäche, — wenn man es so
nennen darf, — muss in der Natur des menschlichen
Herzens ihre psychologische Begründung finden.
Oder sprachen jene Männer immer von einer andern
Liebe, als der, die endlich zwei Wesen zu einem auf
ewig verkettet? Ich erinnere hier nur an Goethe
und Byron. Wir können Goethe auf's Wort glauben,
was er im westöstlichen Divan sagt:

> Wunderlichstes Buch der Bücher
> Ist das Buch der Liebe;
> Aufmerksam hab ich's gelesen:
> Wenig Blätter Freuden,
> Ganze Hefte Leiden;
> Einen Abschnitt macht die Trennung,
> Wiedersehen ein klein Kapitel,
> Fragmentarisch! Bände Kummers
> Mit Erklärungen verlängert
> Endlos, ohne Mass!

Aber' trotz dieser unbefriedigenden Resultate liess er das Lesen doch nicht. War es nur Leidenschaft, die ihn immer von neuem in das Netz der Liebe verflocht? — Nein! Als Grund glaube ich lässt sich auch hier der menschliche Egoismus in erster Linie geltend machen. Dieser Egoismus ist der Unterwerfung und Unterordnung unter fremde Wünsche nur so lange und so weit fähig, als er sich endlich noch frei fühlt. Die Ehe aber hebt selbst in der freiesten Stellung des Mannes zur Frau diese Endlichkeit auf. In grossen Männern zeigt sich dieser Egoismus, der durch das Streben nach Ruhm immer von neuem angestachelt wird, in ganz besonderer Kraft. Zwar fühlt auch ein solches Herz, dass es der Liebe bedarf, ja die Liebe ist ihm das Göttlichste und höchste Gut, aber es will doch frei bleiben, damit keiner der Lebenspläne durch die festen Bande der Liebe vernichtet werde. Im Herzen wird nun ein fortwährender Zwiespalt unterhalten, der es nicht die Ruhe gewinnen lässt, sich dem Gegenstand der Liebe voll und ganz hinzugeben.

Die Liebe mag noch so platonisch sein, immerhin bedarf sie des Sinnenreizes. Der Sinnenreiz regt nun seinerseits die Phantasie an und diese schmückt die Liebe mit den glänzendsten Farben. Wenn daher die Reize, wenn die blendende, duftige Umhüllung von dem Gegenstand der Liebe abfällt, so kann nur die Harmonie der Seelen Herz an Herz fürder fesseln, und wo dieselbe fehlt, wo sich das Auge durch den äussern Schein allein blenden liess, da reisst mit dem Gürtel und Schleier nicht nur der holde Wahn der Liebe entzwei, sondern da muss das Leben unbedingt unglücklich werden. Wäre es also vielleicht nur die Furcht gewesen, sich diesen holden Wahn, aus dem die Dichtung so reichliche Nahrung zog, zu zerreissen, die jene Männer hinderte, sich fest und dauernd an ein Wesen zu ketten und den Traum der Liebe zur Wirklichkeit zu erheben?

Wir müssen uns noch zu einem dritten Moment wenden, von dem wir vielleicht am ersten eine genügende Erklärung zu erwarten haben.

Reisen und Aufenthalt in fremden Ländern führt den Menschen aus dem Kasten- und Particularistengeist hinaus zu einer freieren, höheren Weltanschauung. Der Verkehr mit anderen Völkern lehrt diese achten und schätzen und öffnet die Augen für die richtige Abschätzung des Werthes des eigenen Vaterlandes, lehrt aber auch zugleich, dass die Vollkommenheit bürgerlicher, staatlicher und gesellschaftlicher Zustände nirgend zu finden ist, sondern jedes Land neben grossen Vorzügen auch grosse Mängel aufzuweisen hat. Jene lernt man einzeln lieben, sie können uns den Aufenthalt im fremden Lande angenehm und erwünscht machen, ohne dass wir aber Lust dazu hätten, uns in der Fremde naturalisiren zu lassen.

Grosse Männer haben durch ihre Studien, ihre vielfachen Lebens- und Herzenserfahrungen, ihre scharfe Beobachtung, die aufmerksame Beachtung ihres Entwickelungsganges, ihr Ringen nach höheren Zielen und ihre eigenen, auf diesem Wege mit sich selbst bestandenen Kämpfe, eine ähnliche Erfahrung auf dem Gebiet des Geistes und Herzens gemacht,

als aufmerksame und vorurtheilsfreie Reisende auf
dem Gebiet der Länder- und Völkerkunde. Kommt
noch ein vielbewegtes äusseres Leben hinzu, wie bei
Goethe und Byron, so können die auf einem Gebiet gemachten Erfahrungen die Erkenntniss des
andern nur erweitern. Wie Völker und Länder gewisse Vorzüge aufzuweisen haben, die uns mächtig
zu ihnen ziehen, ohne dass wir unserem Vaterlande
entsagten, so hat jeder Mensch auch seine eigenthümlichen Geistes- und Herzensmängel und Vorzüge,
die uns entweder von ihm abstossen, oder uns an ihn
fesseln. Die guten Seiten können an einem Menschen
so zahlreich sein, dass er uns zum angenehmsten
Gefährten wird, nur muss er nicht fordern, dass wir
unsere Freiheit, unseren Egoismus seinetwegen ganz
aufgeben und uns unlöslich an ihn fesseln.

Das Ideal, die Transsubstantiation der Liebe
findet sich in der Welt nicht. Nur in Bruchstücken
erblicken wir ein Spiegelbild des Ideals, das wir uns
aus diesen zerstreuten Trümmern im Geiste aufbauen.
Mit einem Bruchstück des Ideals müssen wir uns
also begnügen und dabei manche Mängel in
den Kauf nehmen, oder wir werden in leichtem
Lebensgenuss alle Blumen brechen, die unser Auge
durch einen Schimmer von Schönheit blenden, oder
endlich, — wir entsagen der Nichtigkeit der irdischen
Liebe und finden unsere Ideale nur in einer anderen
Welt. Die beiden letzten Richtungen nahm die
Liebe bei Byron und Leopardi.

Byron ahnte trotz seines leichten Lebens mit
der Gräfin Theresa Guiccioli, trotz seiner Orgien

in Venedig, doch immer den Zusammenhang der reinen irdischen Liebe mit einer höheren Welt, aber es gelang ihm nicht, sich zu jener Welt zu erheben. Die wahre göttliche Liebe erscheint ihm nur wie ein plötzlicher Blitz in dunkler Nacht, der ihm die ganze Pracht des Lichts wohl für einen Augenblick enthüllt, aber bevor er sich der Schönheit dieses Lichtes bewusst wird, ihn schon wieder geblendet im Dunkel lässt. Man vergleiche nur einige Stellen z. B. des Giaur.

> Yes, Love indeed is light from heaven,
> A spark of that immortal fire
> With angels shared, by Alla given,
> To lift from earth our low desire,
> Devotion wafts the mind above,
> But Heaven itself descends in love.
> A feeling from the Godhead caught,
> To wean from self each sordid thought.
> A ray of Him, who formed the whole,
> A Glory circling round the soul.

Fast noch charakteristischer ist die folgende Stelle. (Childe Harolds Pilgr. IV. 121.)

> O Love! no habitant of earth thou art —
> An unseen seraph, we believe in thee, —
> A faith whose martyrs are the broken heart, —
> But never yet hath seen, nor e'er shall see,
> The naked eye, thy form, as it should be.
> The mind hath made thee, as it peopled heaven,
> Even with its own desiring phantasy
> And to a thought such shape and image given,
> As haunts the unquench'd soul — parch'd, — wearied —
> wrung — and riven.

Byron fand einen schwachen Ersatz für diese einzige unerreichbare Liebe im leichtsinnigen Liebesgenuss. Aber er merkte auch sehr wohl bald selbst, dass bei der Wandelbarkeit und dem ewigen Hin-

und Herflattern im Genuss das Herz erkaltet und keine wahre Gluth mehr hegt noch hegen kann.

'Tis but as ivy-leaves around the ruin'd turret wreath,
All green and wildly fresh without, but worn and gray beneath.
Oh! could I feel as I have felt, or be what I have been,
Or weep, as I could once have wept, o'er many a vanish'd scene.

(Stanzas for Music.)

In dieser Hinsicht hat Byron so viel gemeinsam mit Heine. Beide schauen immer hinüber in das gelobte Land, beide erkennen in tiefster Seele seine Schönheit; aber dies Land liegt nicht mehr erreichbar vor ihnen, sondern unnahbar weit hinter ihnen, und um ihr Leid zu vergessen, stürzen sie sich in den Taumel des Sinnengenusses.

Ganz anders ist Leopardi. Hören wir nur einige Verse aus seinem wunderbaren Gesange: Amore e morte:

Quando novellamente
Nasce nel cor profondo
Un amoroso affetto,
Languido e stanco insiem con esso in petto
Un desiderio di morir si sente.
Come, non so: ma tale
D'amor vero e possente è il primo effetto.
Forse gli occhi spaura
Allor questo deserto: a se la terra
Forse il mortale inabitabil fatta
Vede omai senza quella
Nova, sola, infinita
Felicità che il suo pensier figura.
Ma per cagion di lei grave procella
Presentendo in suo cor, brama quiete,
Brama raccorsi in porto
Dinanzi al fier disio
Che già, rugghiando, intorno intorno oscura.

Poi . . . .
Quante volte implorata
Con desiderio intenso
Morte sei tu dall' affannoso amante.

Liebe und Tod stellt Leopardi als Brüder zusammen. Die Liebe ist das Herrlichste unter der
Sonne, aber wie alles Irdische mangelhaft ist, so ist
sie es auch. Sobald das Herz anfängt, ihre Wonne
zu geniessen, wünscht es sich, zu sterben, denn es
weiss, dass wahre Liebe in ihrer ganzen Grösse nicht
auf Erden weilt. Sterben möchte das Herz gerade
jetzt im Augenblick seines höchsten Glücks, denn es
ahnt, dass dieses Glück eigentlich einer andern Welt
angehört, aus der nur sein Widerschein in dieses
Leben fällt. Das Leben aber ist so voll von Schmerzen,
das Glück der Liebe ist so flüchtig und kurz, dass
der Tod als Freund, den gequälten Sterblichen em-
pfängt.

Fratelli a un tempo stesso, Amore e Morte
Ingenerò la sorte.
Cose quaggiù si belle
Altre il mondo non ha, non han le stelle.
Nasce il piacer maggiore
Che per lo mar dell' essere si trova;
L'altra ogni gran dolore,
Ogni gran male annulla.

Je weiter der Geist in der Erkenntniss der Welt
vordringt, desto klarer wird es ihm, dass das ganze
Leben und all seine Arbeit, sein Sehnen und Ringen,
sein Wollen und Können nichts weiter ist als ein
Blättern im Lebensbuche. Die Unvollkommenheit der
irdischen Verhältnisse wird den Menschen unglücklich
machen, und er wird um so unglücklicher sein, je

wärmer sein Gefühl ist und je weniger er es vermag,
nur seinem kalt berechnenden Verstande zu folgen.
Ein Glück für die Welt ist es, dass nicht alle
Menschen das Leben und die Welt so genau durch
die philosophische Brille betrachten. Die grösste
Zahl der Sterblichen besitzt eine so gut abgewogene
Mischung von Verstand und Gefühl, dass sie sich
nicht so leicht einem der beiden Factoren ohne
Rücksicht auf den andern hingibt und deshalb nicht
so leicht Gefahr läuft, in der Liebe nicht das zu
finden, was sie sucht. Das Volk kennt auch Hoffen
und Harren; sehnsuchtsvolles Sinnen auf das Glück
der Zukunft, süsses Erinnern beschäftigen es ebenfalls, aber sie zehren nicht an seinem Leben, sondern
sie sind nur dessen Würze.

Es gibt ganze Völker, bei denen über der Liebe
die Wolke des Schmerzes schwebt, die in der Seligkeit des höchsten Liebesglücks nicht jauchzen, sondern
klagen. Diesen Hang zur Klage finden wir namentlich bei allen nordischen Völkern stark ausgeprägt.
Wenn man sich aus den Liedern dieser Völker ein
Urtheil bilden wollte, ohne die Völker weiter zu
kennen, so würde man auf viel Liebesleid zu schliessen
haben. Der nordische Charakter gefällt sich einmal
mehr in der Erinnerung an das verschwundene Glück,
als in dem Genuss des gegenwärtigen. Das einmal
genossene Glück verklärt das ganze Leben, und die
Klage über erduldetes Leid versüsst und vergrössert
das künftige Glück. Hinter der Klage versteckt sich
immer die Freude über ein fröhliches, baldiges
Wiedersehen.

6*

Bei den Südländern, und unter diesen namentlich bei den Italienern, ist es fast umgekehrt. Das Dichten und Trachten des Italieners richtet sich auf den gegenwärtigen Augenblick; dessen Freuden und Wonnen, dessen Schmerzen und Klagen werden zu Liedern; daher diese uns oft unbegreifliche Natürlichkeit der Darstellung, wo wir Schatten nachjagen würden. Dies Festhalten am Augenblick, das offene Auge und der Sinn und das Verständniss für die Gegenwart, der Genuss der flüchtigen Stunde und die Kunst, das Leben nicht in Erinnerungen und Hoffnungen zu verträumen, sondern in jedem Moment auszunutzen, ist den südlichen Völkern in hohem Grade eigen. Die Alten haben diese Kunst ebenfalls in hohem Masse besessen, und es war die hauptsächliche Grundlage ihrer Grösse. Goethe bemerkt (Ital. Reise, Brief aus Neapel vom 17. Mai 1787) so ausserordentlich wahr: „Was den Homer betrifft, ist mir eine Decke von den Augen gefallen. Die Beschreibungen, die Gleichnisse etc. kommen uns poetisch vor und sind doch unsäglich natürlich, aber freilich mit einer Reinheit und Innigkeit gezeichnet, vor der man erschrickt. Selbst die sonderbarsten erlogenen Begebenheiten haben eine Natürlichkeit, die ich nie so gefühlt habe, als in der Nähe der beschriebenen Gegenstände. Lass mich meine Gedanken kurz so ausdrücken: sie stellten die Existenz dar, wir gewöhnlich den Effect, sie schilderten das Fürchterliche, wir schildern fürchterlich; sie das Angenehme, wir angenehm u. s. w. Daher kommt alles Uebertriebene, alles Manierirte, alle falsche

Grazie, aller Schwulst." Jene an den Griechen und hier speciell an Homer gerühmten Vorzüge besitzt das italienische Volkslied noch oft fast in ebenso hohem Grade. Freilich um dies beurtheilen und glauben zu können, muss man Land und Leute kennen.

Der Italiener ist freudig, wie es der Natur der Sache entspricht, wenn er liebt. Er hat auch über dies und das seine Bedenken und Zweifel, und spricht sie auch manchmal besorglich genug aus; im Ganzen aber blickt er voll frischer Lebenshoffnungen in die Zukunft, die ihm neue reiche Freuden verheisst, und nicht in die Vergangenheit, um an der Grösse vergangenen Schmerzes das augenblickliche Glück zu messen. Blickt er einmal aus seinem Liebesglück in die Vergangenheit zurück, so ist da auch alles Lust und Freude, denn des Lebens Schmerz, den er auch erfahren, passt nicht zu seiner augenblicklichen Lage. Der Schmerz wird seine Zeit auch haben; dann gehört ihm das Lied, aber er darf das Glück nicht verbittern, denn das will rein, ganz und voll genossen sein.

Wir haben auf die Bedeutung des Gesanges in der Liebe schon hingewiesen, insofern er nämlich eine Art von Selbstgespräch des liebenden Herzens ist. Aber er hat noch weiter reichende Aufgaben. Der Liebende singt sein Glück und seine Sehnsucht, aber auch seinen Hass und Zorn direct der Geliebten.—

Die herrlichen Sommerabende und Nächte Italiens laden nach des Tages Hitze erst recht zum Genuss des Lebens ein. Da versammelt sich Jung und Alt auf den Veranden und Loggien; die Schönen erscheinen auf den Balconen, und das Dunkel in den Strassen verbirgt den auf ein Liebeswort harrenden Geliebten vor den neugierigen Blicken der Nachbarn. Welch' Leben ferner in den Strassen von Sonnenuntergang bis Mitternacht! Auch in den Dörfern wird es nicht so leicht still, als bei uns im Norden, wenn man auch nach zehn Uhr dort selten noch einen Laut vernimmt. Ueberall hört man Gesang zum Klang der Mandolinen, der Guitarren und Harmonicas. In Neapel sieht man des Abends oft Schaaren junger Leute auf den Strassen ohne musikalische Instrumente. Unter einem Fenster stellen sie sich in einer Gruppe auf; einer von ihnen singt ein Liebeslied aus voller Kehle und die Andern begleiten ihn mit Brummstimmen, unter denen sich mit besonderem Nachdruck die tiefe Bassstimme bemerklich macht. Wenn nun auch dieser Gesang für das künstlerisch gebildete Ohr nicht immer Sirenenmusik ist, manchmal sogar durch seine einförmige, mit kreischender Stimme vorgetragene Melodie beleidigt, so übt er doch auf die Schöne eine magische Wirkung aus. Auch in der Melodie offenbart sich immer das süsse Glück des Herzens, das seinen Ausdruck meistentheils in hinschmelzenden Molltönen findet.

Diese Serenaten, — mit diesem Namen bezeichnet man diesen Abendgesang der Liebe in ganz Italien, — kann man überall hören, in den fernen einsamen Gebirgsdörfern eben so gut, als in den grossen Städten. In Neapel hört man diese Musik allabendlich in den Strassen, namentlich an der Riviera di Chiajà bis spät nach Mitternacht.

Interessant ist eine Bemerkung Tigris über
die Serenaten in Toscana.*) „Die Serenaten oder
Inserenaten, wie sie das Volk zu nennen pflegt, bestehen in dem Gesang und Spiel, das die jungen
Leute Nachts unter freiem Himmel vor dem Hause
ihrer Geliebten erheben. Es ist sicher, dass dieser
Gebrauch sehr alt sein muss. Die Liebe ist dem
Herzen des Menschen angeboren. Wenn er nun
heiss liebt und diese Liebe in aller Kraft zum Ausdruck bringen will, so ist das gesprochene Wort
häufig zu kalt, ungenügend und unvollständig. Im
Gegentheil kann sich die Zuneigung und die Freude,
die Harmonie der Gedanken, die den Geist durchzittern, im Liede und mit dem Gesange enthüllen, da
in der Dichtkunst der höchste Ausdruck Farbe bekommt und so weit es dem menschlichen Verstande
möglich ist, lebendig wird. Man kann daher annehmen, dass Liebe und Gesang im Menschen zu
gleicher Zeit geboren wurden, doch wurde die Melodie
früher als das Wort erfunden.".... „Vom 12. Jahrhundert an erhielten alle dichterischen Compositionen
in der Volkssprache (nell' idioma volgare) die musikalischen Namen, tono, melodia, nota, suono, sonetto,
canzonetta, ballata, ballatina, o ballatella, denen man
auch die serenata oder den so oft genannten notturno
anreihen darf.

Es scheint, als ob von jener Stunde beim vollen
Schimmer der Sterne, beim holden Glanze des Mondes
vielmehr als unter dem sengenden Strahl der Sonne

---

*) Canti popolari toscani. S. 51 ff.

Musik und Gesang eine geheimnissvolle Schwermuth (un'arcana mestizia) zum Ausdruck bringen, und das Herz, so lange die Nacht dauert, den Ohren freier seine stillen Seufzer anzuvertrauen wage. Und es gab einst eine Zeit in Florenz, wo keine Frühlings- oder Sommernacht verstrich, ohne dass die Strassen von schönen Serenaten durchtönt waren. In Rom singen sie noch heute die „eminente" (Bewohner von Trastevere und den angrenzenden Hügeln) zum Klange der Zither, der Mandoline oder der Laute. Man hört sie noch an den reizenden Buchten Neapels und auf den adriatischen Lagunen . . . . Diese Serenaten sind oft so zart, dass die Jünglinge sie treffend Liebesseufzer (sospiri d'amore) nennen. Der Liebende, welcher den Spielmann, den Dichter und deren Genossen führt, grüsst zunächst das Haus der Geliebten, ihre Eltern und dann sie selbst. Bald vergleicht er sie mit einem Stern (la stella Diana = Morgenstern), bald mit einer Blume oder mit irgend etwas anderem Schönen und Werthen. Dem reizen- den Mädchen sind Musik und Gesang sehr angenehm; diese Musik trug man einst auf der Mandoline und Guitarre vor, jetzt auf der Violine. Das Mädchen singt:

> In diesen Spielmann bin ich ganz verliebt;
> Der Ton ist schön, er tröstet mir das Herz.

Zur Abwechslung bringt man nach den Versen eine kurze, feurige Sonate mit Vorschlägen und Doppelschlägen, die an manchen Orten „passagallo" genannt wird.

Haben sie wie gewöhnlich, kleine Thäler und
Hügel zu überschreiten, oder hat einmal dieselbe
Sängergesellschaft es übernommen, mehreren Liebchen
ein Ständchen zu bringen, so kommt es oft vor, dass
sie erst in dunkler Nacht dort eintreffen.

„Ich komme zur Nachtzeit von Liebesgluth entbrannt,
Ich komme zur Stunde des süssesten Schlummers.

Und da der, dem dieser Liebesdienst am Herzen
liegt, sicher ist, dass er ihr, die ihn entgegennimmt,
angenehm sein wird, so verlängert sich die Serenade
oft bis zum Anbruch des Tages.

Am Himmel flammt der Morgenröthe Strahl;
Will Abschied nehmen, fürder nicht mehr singen.
Die Fenster öffnen sich schon überall,
Ich hör' durch's Feld die Morgenglocken klingen.
Himmel und Erde durchzittern die Töne,
Leb' wohl, du Mädchenblüthe, du Schöne;
Im Himmel und in Rom ist gross Geläute,
Du schöne Lilie, lebe wohl für heute.   (Tigri 395.)

Aber es gibt eine Nacht, in der von den Hügeln
und aus den Thälern, überall eine andere Melodie
wiedertönt, ich spreche nämlich von der des Maien.
Alle Florentiner Geschichtsschreiber erzählen, dass
seit den ersten Zeiten der Republik in Florenz und
in der Umgegend, mit Gesang und Spiel, mit Tanz
und Gelagen ein Fest gefeiert wurde, der Calen di
Maggio (Calen vom lat. Calendae = erster Tag des
Monats) und die Rückkehr des Frühlings. Diese
Sitte geht auf die ältesten Zeiten des Heidenthums
zurück, und trifft vielleicht mit dem Fest zusammen,
das an diesem Tage der Göttin Flora zu Ehren

gefeiert wurde. Vielleicht hängen damit noch die sogenannten Maialtäre (altarini di Maggio) zusammen, welche mit irgend einem von Blumen umwundenen Heiligenbilde geschmückt, die Knaben aus dem Volk an diesem Tage errichten (wenn auch nicht in ganz Toscana, so doch immer in Pistoja). Sie errichten diese Altäre auf den Mauern der öffentlichen Strassen und bitten jeden Vorübergehenden um eine kleine Münze für ihren Altar.*) Und „maggi" nannte man in alter Zeit gewisse Lieder, welche zu dieser Gelegenheit gedichtet wurden. Und „maio" nannte man und nennt man noch einen belaubten Ast, den die Landleute vor der Thür ihrer Liebsten aufpflanzen. Dieser wurde im Triumph durch die Stadt getragen, durch Anhängen frischer Kränze und bunter Bänder geschmückt; oder man hängte auch kleine Geschenke daran, wie noch jetzt zum Weihnachtsfeste in Deutschland. Nun muss man sehen, wie auch noch gegenwärtig bei uns auf dem Lande dieser schöne Gebrauch fortdauert. Ein Fähnlein junger Leute pflegt sich am letzten Abend des April und am ersten Abend des Mai unter Gesängen an den bewohntesten Orten zusammenzuschaaren. Einer von ihnen trägt einen belaubten Baumast, den man, wie ich sagte, den Maienzweig „maio" nennt; er ist ganz mit Blumen und Limonen geschmückt. Ein anderer bringt einen Korb voll von Blumensträussen; und fort geht es, fort. Sie bringen die Sträusse ihren Schönen zum

---

*) Dem Verfasser ist dieser Brauch auch aus den südlichen Abruzzen und den Gebirgen Calabriens bekannt.

Geschenk und begrüssen sie mit Gesang. Diese ihrerseits pflegen den Maiensängern einige Eier und einen Trunk Wein zu geben; ihren Liebhabern aber schenken sie Brezeln, die ringsherum mit rothen Fransen geschmückt sind."

Soviel speciell über die toscanische Sitte bei der Aufführung von Serenaten. Die Bedeutung derselben im Liebesleben ist natürlich überall dieselbe, und ich beschränke mich darauf einige Proben von hierher gehörenden Liedern einzuschalten.

Aci: O, die du schlummerst so gedankenlos,
Die Heil'gen bittend, muss ich draussen stehen.
Hörst du nicht Mädchen? — Mach' vom Schlaf dich los!
Ohn' deinen Schatz, wie konnt'st du schlafen gehen?
Und diese Herrn, die hier zugegen sind,
Sind mitleidsvoll bei meinen Klagen,
Leichtfertig, grausam', undankbares Kind,
Ich rufe dich! — Willst du kein Wort mehr sagen?

(Vigo 1191.)

* * *

Ficarassi: Zweiglein der Feige
Ich sage dir alles, — nur zu mir nieder steige.

(Vigo 1300.)

* * *

Palermo: Zu singen kam ich an diesen glücklichen Ort;
Klinge Zither, und gib mir gute Stimme.
Von mir Unsel'gem ging mein Liebchen fort,
Vielleicht heilt sie dies Lied von ihrem Grimme.
An's Fenster komm mit deinem holden Lachen,
Zwei Wörtchen sprich mit deinem süssen Munde!
Komm Liebchen, lass uns Frieden machen!
— Verflucht der Hass, und der ihn schuf, er geh' zu Grunde.

(Vigo 1193)

* * *

Aci: Du bist die Krone auf meinem Haupte,
Mein Herz wird stete Sórge um dich tragen;
Wenn einer käme und dich mir raubte
Ich würde auf der Stelle ihn erschlagen.
Auf meinen Schatten selber ward ich neidisch hier,
● Drum bin ich singend unterm Thor geblieben.
Trag' keine Furcht hinfort mehr, Lieb, vor mir:
Wir müssen beide bis zum Tod uns lieben.

(Vigo 1218.)

*   *

    *

Bronte: Als ich dich einst, ein kleines Mädchen sah,
Hat deine Lieb' mir vielen Schmerz gemacht.
Nun stehst du gross und reizend vor mir da,
Bist Flamme, die mich brennt bei Tag und Nacht,
Und Wohlgerüche weh'n jetzt rings um mich,
Wie sie der Münze weisse Blüthen spenden;
O komm an's Fenster, Schöne, zeige dich,
Und Sonnenglanz und Mondlicht wird in Nacht sich wenden.

(Vigo 1221.)

*   *

    *

Palermo: Wüstest du, wer hier mag bei mir sein,
Du stündest auf und hülfst mit frohem Muth.
Herrin, es ist der Sclave dein,
's ist jener, der dir war so herzlich gut.
Er singt nicht selber, er schickte mich, —
An seiner Stimme hätt'st du ihn erkannt. —
O komm an's Fenster, komm und zeige dich,
Dir, meine Freude, ist der Gruss gesandt. (Vigo 1242.

*   *

    *

Toscana: Dich zu besuchen komm ich, hehre Königin,
Zu deinem Hause komm ich, dich zu sehen.
Auf meine Kniee werf' ich am Pfad mich hin,
Die Erde küss' ich, drüber deine Füsse gehen.
Den Boden will ich küssen, die Mauern schauen,
Wo du verweilest, Holdeste der Frauen.
Die Dächer will ich schau'n, die Erde küssen,
Die holdes Mädchen du betrat'st mit deinen Füssen.

(Tigri 375)

*   *

    *

Palermo: Zweiglein der Linde!
Fünf Stunden, Schöne, steh ich hier und singe,
Doch besser wär's, ich säng' mein Lied dem Winde.

(Vigo 1311)

* * *

Toscana: Schau auf zum Himmel, der von Sternen lacht!
Wer hat das edle Werk so schön vollendet?
Deine schönen weissen Händchen haben ihn gemacht,
Deine goldnen Händchen haben ihn beendet.
Deine wunderbaren Hände haben ihn erbaut,
Dein schwarzes Auge, das aus ros'gen Wimpern schaut.

(Tigri 368.)

* * *

Toscana: Heut trieb's um Mitternacht mich, aufzustehen;
Ich sah mein Herz aus meiner Brust entfliehen.
Ich sprach zu ihm: Wohin Herz willst du gehen?
Es sprach: Sie aufzusuchen, lass mich ziehen! —
Schau an mein Herz! — Ist es nicht dein?
Aus meiner Brust entsprang's, mit dir zu sein.

(Tigri 371.)

* * *

Toscana: Dass meine Stimme durch die Mauern dringe,
Da ich doch selber zu ihr nicht gelange.
O Zarte, Reine, dass es zu dir klinge,
— Wo du auch sei'st — weshalb ich mich so bange.
O höre mich, du liebste aller Frauen!
Zu meinem Trost muss ich gen Himmel schauen;
O höre mich, du Reine, lass dich's dauern;
Zu meinem Troste starr' ich an die Mauern

(Tigri 380.)

* * *

Venezia: Die Zeit bricht Stein und Fels zu Stücken!
Die Zeit bringt auch dem Herzen neue Liebe.
Die Zeit lässt Berge in ein Nichts zerfliegen;
Dein Steinherz, mit der Zeit werd' ich's besiegen.
O steinern Herz! Grausam muss ich dich nennen!
Wie viele Seufzer wohl schon zu dir kamen! —
Wie eine Kerze fühl' ich's Herz verbrennen,
O Schöne, nennt man mir nur deinen Namen.

(Bernoni VI. 33.)

* * *

Venezia: Und wüsst' ich, dass mein Lieb mir lauschte,
Mit lauter Stimme fing ich an zu singen.
Von Liebe wollt' ich singen, dass es rauschte,
Wohin das Lied nicht dringt, kann doch das Herze dringen.

(Bernoni VI. 44.)

*   *   *

Toscana: Kann nicht mehr singen, weil das Herz mir fehlt,
Es ruht in deiner Brust so tief verschlossen.
Mir sagt's, dass er sich dort sein Heim erwählt.
Es hat so manche Wonne dort genossen.
Von dort nicht zu entflieh'n hat's mir geschworen.
Will für dich sterben, 's ward für dich geboren.
Mir sagt's, von dort zu gehn wär sein Verderben,
Für dich geboren, will's auch für dich sterben.

(Tigri 390)

*   *   *

Toscana: O Fensterchen, das du des Nachts verschlossen,
Dich Morgens öffnest, mir den Tod zu geben.
O Fensterchen, von Nelkengluth umgossen,
Wo um ihr holdes Antlitz Schlaf und Träume weben.
Dort, wo ihr leuchtend Antlitz schläft und ruht,
Das Tag und Nacht mir zehrt an meinem Blut;
Dort wo ihr königlich Gesicht verklärt der Schlummer,
Indess mich Tag und Nacht verzehrt der Kummer.

(Tigri 399)

*   *   *

Venezia: Guten Abend biet' ich dir hier draussen.
Denn in's Haus zu dir darf ich nicht kommen.
Ich sag' dir guten Abend; — hier bin ich bereit;
Wer mit mir sprechen will, — jetzt ist es an der Zeit.

Bernoni (X. 29)

*   *   *

Toscana: Wo ist sie, die sich hinter Schloss und Riegel
Verbirgt, und stark sich dünkt am festen Orte?
Mein Seufzerhauch stürzt ihrer Mauern Ziegel,
Und meine Liebesgluth verbrennt die Pforte.
Ich bin bereit, den Kampf mit ihr zu wagen,

Und meine eigene Hand soll sie erschlagen.
„Ergib dich nur mein Lieb!" — Du hast schon
                                      überwunden,
Und deine schönen Augen haben mich gebunden.
                                      (Tigri 381.)

* * *

Chieti: Im Dunkeln geh ich umher,
Mein Lieb' wo barg es sich?
O zeig' dich, ich verzage sonst,
Ich sterb', ich sterbe für dich.
Hab' keine Ruhe mehr,
Leb' wohl mein herzig Lieb!
Weiss nicht, ob wir uns wiedersehen.
                                      (Comparetti III. 2. S. 4.)

* * *

Napoli: Ich hab' erfahren, dass der Tod wird kommen!
Die Schönen alle kommt er zu erfassen.
Du bist so schön, — nun nimm dir's doch zu Herzen, —
All deine Reize, wem willst du sie lassen?
O, gib sie einem liebeglühenden, jungen Blut!
Gibst du sie mir, — ich bin dir herzlich gut!
                                      (Comparetti III. 2 S. 365.)

* * *

Monteroni: Im Schatten der Liebe wandle ich,
Terra d'Otranto.) Wie am weiten Himmel die Sonne kreiset;
In der Luft verweht mein Seufzerhauch,
Ich denk' an deine Schönheit, — steh' hier so verwaiset.
Du hast mich gefesselt, Schöne, fürwahr,
Von hartem Stahl sind alle deine Ketten.
Ich bin dein Liebster, dir ist's offenbar;
Du siehst mich sterben, ohne mich zu retten.
                                      (Comparetti III. 2. S. 135.)

* * *

Napoli: Komm an dies Fenster, o Mond, o Mond!
Zu dir, o Mond, treibt mich ein heisses Sehnen!
Gib mir ein Stück von deinem Linnentuch

Dran will ich trocknen meine bittern Thränen.
Dann heft' ich's an die Mauer, davor hinzutreten
Und wie zu einem Heiligen will ich zu ihm beten.
(Comparetti III. 2. S. 381.)

* * *

Napoli: Du Antlitz einer Damascener Rose,
Kein Mittel find' ich, meinen Gram zu heilen.
So Tag als Nacht, am Abend und am Morgen .
Möcht' ich an deiner Seite stets verweilen.
Du bist zum Tode mir geboren,
Ich ward zum Heil dir auserkoren.
Lieg' ich anbetend nicht zu deinen Füssen
Werd' ich es sicher in der Hölle büssen.
Comparetti III. 2. S. 381.)

* * *

Lecce: An deinem Hause geh' ich still vorüber,
Ich seh' dich nicht; mein Herz in Flammen steht!
Bis ich zurückgekehrt entflohen tausend Jahre,
Glich ich doch ohne Blumen einem Blumenbeet.
Weisst du, wem ohne dich der Hof hier gleicht? —
Dem trüben Himmel ohne Sonnenschein.
Doch, wenn du da bist, weisst du wem er gleicht?
Dem Maien, der uns aufweckt alle Blümelein.
(Comparetti III. 2. 414.)

* * *

Le Marche: Schön bist du, wunderschön zu nennen,
Deine Schwester ist noch schön're Augenweide;
Gleich nehm' ich's Wort zurück; — ich muss bekennen,
Und euch gesteh'n, schön seid ihr alle beide.
(Comparetti IV. S. 120. 5.)

* * *

Le Marche: Wir kamen her, die Mauern zu begrüssen,
Die Thüren, Fenster, und die hier ihr Heim erkoren;
Euch edle Herren leg' ich meinen Gruss zu Füssen,
Die zwischen weissen Rosen ihr geboren.
Comparetti IV, 121. 7,)

* * *

Das Fenster spielt natürlich in allen diesen
Liedern eine grosse Rolle. Imbriani erwähnt diesen
Umstand (XII Conti Pomiglianesi S. 256) und bemerkt
dabei: „Des Fensters geschieht fortwährend Erwähnung in den Volksliedern, aber sicher mehr in der
Stadt, als in den kleinen Ortschaften, wo das Landvolk hauptsächlich unten (ne' bassi) wohnt, d. h. in
Zimmern zu ebener · Erde, die keine Fenster, sondern
nur eine oder zwei Thüren haben." Ich glaube man
muss in Italien gerade die kleinen Städte und Dörfer
als die Geburtsstätten des Volksliedes ansehen, und
nicht die kleinen Ortschaften, die, oft nur drei oder
vier Gehöfte umfassend, überall zerstreut liegen. So
viel ich aus eigener Erfahrung weiss, baut man in
Italien auch in kleinen Städten und Dörfern die
Häuser zweistöckig und benützt fast immer das pian
terreno (das Erdgeschoss) für Stallungen und Vor-
rathskammern, während man oben wohnt. Diese
Oberwohnungen haben Fenster nach der Strasse hinaus und in Süditalien und Sicilien fehlt fast niemals
der Balcon, auf den man die Geliebte im Volksliede
hinaus zu treten bittet.

Ich will hier gleich noch einer andern Erwähnung Imbrianis gedenken. (XII Conti Pomiglianesi
S. 126.) Er führt hier einige Lieder aus Süditalien
an, in denen die Geliebte gebeten wird, ihre langen
Haarflechten herabzulassen, und den auf sie harrenden
Geliebten daran hinaufzuziehen. In einem napoletanischen Liede heisst es: „Mein Lieb, das du oben
am Fenster stehst, thu mir den Gefallen und ziehe
dich nicht in's Zimmer zurück; reiche mir ein Haar

von deiner Flechte herab, lass es herunter, denn ich will hinaufsteigen. Wenn wir oben am Fenster sind, dann umarme mich, und trage mich zum Bette, und wenn wir in jenem Bette sind, dann Fluch dem Schlaf und dem, der schlafen will." „Diese besondere Bezugnahme auf die langen Flechten der Schönen, die als Treppe dienen sollen," bemerkt Imbriani „ist sehr alt in den Ueberlieferungen der arischen Völker, denn sie findet sich schon in dem Gedicht: Firdusis." Ich führe diese reizende Stelle aus dem Schahname hier an. Rudabe sucht mit ihrem Geliebten Sal zusammen zu kommen. Sie erwartet ihn oben auf dem Dach; er kommt, weiss aber nicht, wie er zu ihr hinaufgelangen soll; er spricht zu ihr:

> „Doch ich hier unten, du dort auf dem Dach —
> Das geht nicht an; sinn' einem Mittel nach,
> Dass ich hinauf gelange!" — Mit der Rechten
> Band Rudabe die nächtig-schwarzen Flechten
> Auf ihrem Haupte los; Mit Moschussdüften
> Umwogten die gelösten ihre Hüften,
> Die Locken liess sie Schlangen neben Schlangen,
> Vom Dache bis zur Erde niederhangen u. s. w.   *(Schack.)*

Und Rudabe lässt erst von ihrem Beginnen, gegen das sich Sal sträubt, ab, als die Dienerinnen ein Seil bringen. Imbriani gibt am a. O. noch mehrere Belege aus Volksmärchen Italiens. In einem griechischen Distichon heisst es u. a: „Hoch sind deine Fenster, wie Schiffsmasten; wirf mir deine Haarflechten hernieder, die sollen mir als Treppe dienen."

Wir hatten bei dem ersten Abschnitt, den Gedichten auf die Geburt der Geliebten, keine Ver-

anlassung, auf die Volkslieder anderer Nationen einzugehen, da diese Art von Liedern dem italienischen
Volke vor allen andern eigenthümlich ist. Die
Serenaden aber kennen wir ja auch in Deutschland,
und in jedem andern Lande der Welt sucht der
Bräutigam die Braut einmal Abends durch ein
Liedchen oder einen musikalischen Vortrag zu unterhalten und zu überraschen. Aber wie ganz anders
ist die Serenade z. B. in Deutschland. Ich führe
zum Vergleich ein deutsches Ständchen an:

> Ach, schönster Schatz, verzeihe mir,
> Dass ich so spät bin kommen;
> Doch hat die heisse Lieb' zu dir
> Mich noch dazu gezwungen.
>
> Und schläfst du schon, wenn ich jetzt komm'
> So sanft in deinem Bettchen,
> So möcht ich dich gar inniglich
> Mit meinem Liedlein wecken.
>
> Erweck' ich dich, erschreck' ich dich
> So thut's mein Herz erbarmen;
> Gern läg' ich dir, o theurer Schatz,
> In deinen beiden Armen.
>
> Deine zwei schwarzbraunen Aeugelein,
> Die gar so freundlich blicken,
> Sollt' dir daran gescheh'n ein Leid,
> So spräng' mein Herz in Stücken.

Dem Italiener liegt nichts daran, dass sein Liebchen
durch den Gesang im Schlaf gestört wird; im Gegentheil, es ist seine Absicht, sie durch den Gesang dazu
zu bewegen, sich noch einmal zu zeigen, selbst für
den Fall, dass sie schon schliefe. Wenn die Schöne
etwa nicht so lange wartet, bis er kommt, so hat er

7*

auch wohl einen Fluch in Bereitschaft; wenn sie es vorzieht, zu schlafen, so droht er, sie zu verlassen:

Ich hatte dich Tage und Jahre lieb!
— Du wirst mir durch ein Stündchen Schlaf entrissen! —

Wenn der letztere Fall auch in Wirklichkeit selten eintreten möchte, so ist die Aeusserung doch charakteristisch genug für das Temperament und die Sinnesweise des Italieners. Der Geliebte kommt und singt; — er will rechtmässig auch etwas dafür haben. Er bleibt bei der Gegenwart stehen; diese zu geniessen ist sein Ziel, nicht in Träumen aus der Vergangenheit zu schwärmen. Der Deutsche entschuldigt sich erst noch, dass er so spät kommt, vielleicht nach Ablauf der Bürgerstunde. Was aber noch wahrscheinlicher ist, — er hat das Lied nicht einmal unter dem Fenster der Liebsten gesungen, sondern ruhig daheim gesessen. Der Italiener kommt mit Sang und Klang; er weckt nicht nur sein Liebchen, sondern auch deren ganze Nachbarschaft, und wenn sich in dieser noch mehrere junge Mädchen befinden, so stehen diese sicher auch auf und schauen auf die Strasse hinab, um über den liebenden Sänger und seine Angebetete in's Klare zu kommen. Könnte das Lied nicht auch ihnen gelten? — Das deutsche Liebchen schläft in seinem Bettchen; ihr Liebster wagt nicht, sie zu wecken, denn wenn sie plötzlich aufwachte, so könnte sie erschrecken, und ihren schwarzbraunen Augen ein Leid geschehen. Ist er bis zum Fenster der Liebsten gegangen, so lässt er doch das Singen; es ist ihm genug, einmal wieder schön in der Vergangenheit geschwelgt zu haben. Es ist eine Eigenthümlichkeit unseres deutschen Charakters, dass wir in den meisten Fällen das Schöne erst dann erkennen, oder uns doch seines wahren Werthes erst dann bewusst werden, und es heiss herbeiwünschen, wenn es für uns unwiederbringlich verloren ist, ohne aber zu lernen, dass der gegenwärtige Augenblick uns dasselbe bietet, was die Vergangenheit bot.

Dem deutschen Liebchen wird das Glück selten passiren, dass ihm Ständchen gebracht werden, es sei denn bei ganz aussergewöhnlicher Gelegenheit. Nachtigall und Lerche sollen ihr den Liebesgruss verkünden, der Mond soll durch's Fenster auf sie schauen und sie küssen; der Liebste selbst geht nach Hause, um auch zu — schlafen. Es giebt kaum ein italienisches Lied, in dem der Mond als Bote zur Geliebten entsandt würde.

Ein vlämisches Volkslied ist ergötzlich genug, um es hier einer Betrachtung zu würdigen. Ein junger Mann wird von seiner Geliebten verlassen. Statt sich mit ihr auf irgend eine Weise auseinander zu setzen, sagt er zu sich selbst: Ich werde sie noch nicht verlassen und wäre sie mir noch so gram; ich werde ihrer gedenken, bis der Tod mich zu sich nehme." Er kommt zu ihrem Fenster und bittet sie, ihn einzulassen. Sie erklärt ihm ganz offen: „Ich lasse dich nicht ein. Geh heim und lege dich schlafen, ein andrer Liebster ist hier." Was thut er nun? — Er bleibt kalt wie ein Fisch. Statt an der Ungetreuen Rache zu nehmen, sie zu verfluchen, oder mit dem neuen Liebhaber Abrechnung zu halten, kommt er zu dem allerdings komisch-kühnen Entschluss: „Ist drinnen ein anderer Liebster, hab ich dich zu sprechen nicht Macht, so wünsch' ich zum letzten Male dir eine vergnügte Nacht." — Punktum! — Ich aber bin sicher, dass er die Verrätherin doch noch nicht vergessen hat, sondern noch oft unter ihrem Fenster zum Besuch erscheint, vielleicht von ihr verlacht oder verhöhnt, oder ohne sich sehen zu lassen. Und das sollte einem Italiener passiren! Da würde ein Vesuv in seiner Brust Flammen sprühen, und der Rival schon an der nächsten Strassenecke mit seinem Dolche Bekanntschaft machen. Aber auch die Italienerin würde nicht zittern, dem Manne, der sie treulos verlassen, den Dolch ins falsche Herz zu stossen.

Der Italiener kennt eine solche Schwärmerei und Gefühlssimpelei in so entscheidenden Augenblicken gar nicht. Hier würde er ausser sich gerathen. Für die Geliebte schwärmt und lebt er mit vollem Herzen nur so lange sie wirklich sein ist.

Das deutsche Liebeslied, — auch die Melodie muss hier in's Auge gefasst werden, — ist durchweht von einem Hauch von Melancholie, von einer unerfüllten oder unerfüllbaren Sehnsucht. In dem Liede lacht, scherzt und küsst die Liebe nur selten in Wahrheit, sie träumt nur von Wonne und seligem Entzücken. Das deutsche Liebeslied ist das ersterbende Echo der genossenen Seligkeit. „Jeden Nachklang fühlt das Herz"; es sagt sich: „Ich besass es doch einmal, was so köstlich ist." Auch das italienische Liebeslied ist der Ausdruck einer starken herzlichen Sehnsucht, „die aber jeden Augenblick dem Glück der Befriedigung nahe ist."

Für den, der alles Glück des Lebens in dem
Augenblick, wo es sich beut, zu haschen und zu geniessen strebt und versteht, muss alles Sinnliche eine
grosse Rolle spielen. Nur das kann auf den Menschen
einen augenblicklich zur Leidenschaft hinreissenden
Eindruck machen, was grosse, vollendete Eigenschaften
besitzt, die in die Sinne fallen. Dass in einem Lande,
wo sich dem Auge so viel vollendete Schönheit in der
Kunst, in der Natur, in der menschlichen Gestalt, im
Himmel und im Lichte bietet, wie in Italien, der Sinn und
die Empfänglichkeit für das sich augenblicklich Bie-
tende geweckt und geschärft wird, ist sehr leicht
erklärlich. Der Italiener ist daher sehr leicht zum
grössten Enthusiasmus, aber auch zum grössten Abscheu und zur Kälte erregbar, weil er sich zuerst
immer durch die äussere Erscheinung bestimmen lässt.
Da das Sinnliche aber im Allgemeinen nur so lange
Reiz ausübt, als es sich unseren Sinnen wirklich voll
zur Schau stellt, so ist die Begeisterung selten stich-
haltig. Der Geist flattert wie der Schmetterling von
Blume zu Blume; er nährt sich nur an der Schönheit,
nicht von dem Blüthensaft; er freut sich nur seines
Daseins, sammelt aber keinen Honig, wie die Biene.
Wo nun die körperlichen Reize mächtig genug sind,
das Herz im ersten Augenblick ganz in Flammen zu
setzen, da vermögen Fehler im Charakter auch nur
selten seine Temperatur herabzustimmen.

Auch in der italienischen Kunst zeigt sich diese
Hinneigung zu dem sinnlich Fesselnden in hervor-
ragender Weise; — überall — in der Poesie, in der
Sculptur, in der Malerei, in der Musik. In der

Sculptur und Malerei gab noch erst wieder die im Jahre 1878 veranstaltete Kunstausstellung in Neapel einen schlagenden Beweis für die Sinnlichkeit der Italiener. Bei der Bildung der Sprache selbst scheint mir dieser Hang zum augenblicklichen Genuss schöpferisch wirksam gewesen zu sein. Man vergleiche nur die italienische und die rumänische Sprache. Beide stehen dem Latein gleich nahe, und doch wie viel gewaltiger spricht der Geist der Schönheit aus der italienischen.

Anders gestaltet sich das Leben da, wo der augenblickliche Genuss hinter anderen Lebensinteressen zurückstehen muss, wo die Natur den Menschen zwingt, zuerst auf das Nützliche zu sinnen, und die Schönheit und Annehmlichkeit nur als Compliment des ersteren anzusehen.

Dieser Fall tritt bei den nordischen Völkern ein, und die Vernunft und die Reflexion herrscht bei ihnen über den sinnlichen Genuss. Daher · findet man bei dem Südländer stets ein offenes Auge für die Schönheit der äusseren Erscheinung, bei dem Nordländer hingegen Eindringen in das Wesen und den inneren Werth der Geliebten. In keinem Lande der Welt kommt es vielleicht so oft vor, dass die ärmsten Mädchen, ohne Erziehung, ohne Bildung aber von der Natur mit einer oft unglaublichen Grazie und Schönheit ausgestattet, von den reichsten Männern heimgeführt werden. Und nicht nur Italiener sind es, die solche Schönen aus dem Staube erheben, sondern auch Engländer, Deutsche und Franzosen. Viele meiner Leser kennen vielleicht die schöne

Margherita aus Anacapri und ihre Tante, die beide
die grössten Triumphe ihrer Schönheit davongetragen
haben, und es liessen sich noch Hunderte solcher
Beispiele anführen.

Der Nordländer wird durch die Noth gezwungen,
für die Zukunft zu sorgen, denn wenn er auch im
Sommer vor der Unbill der Natur sicher ist, so folgt
auf den Sommer doch der Winter, und wehe ihm,
wenn er nicht Vorsorge getroffen hat. Dieses
Umschauen in Vergangenheit und Zukunft vermindert
die Aufmerksamkeit und Empfänglichkeit für die Gegenwart. In einem so gearteten Leben muss die Hoffnung eine grosse Rolle spielen. Ein deutsches Volkslied sagt: „Wenn die Hoffnung nicht wär', dann lebt'
ich nicht mehr." Aber so hofft sich Mancher durch's
Leben, und erträgt seine Schmerzen und sein Leid
in der Hoffnung auf eine sonnigere Zukunft, ohne
aber jemals auch nur einen Schatten von der Verwirklichung seiner Wünsche zu erhaschen. Dieses
Hoffen und Harren setzt den Menschen auf eine
harte Probe, und mancher gute Deutsche zeichnet
sich durch die sprüchwörtlich gewordene Eselsgeduld
aus. Hoffen und Harren macht, nach dem Sprüchwort,
die Menschen zu Narren, und wer nicht Narr dabei
wird, wird doch schliesslich zur Entsagung getrieben
werden. Ich denke immer an die alte Tante Line in
Fritz Reuters: „Reis' nah Konstantinopel." Sie hat
so viele Schwestern und Brüder in Deutschland.
Unter Hoffnungen sind die schönsten Jahre des
Lebens dahingegangen, alle haben sich als gaukelnde
Bilder der Phantasie erwiesen und sind in Nichts

zerronnen. Das Herz leistet Verzicht auf alle ferneren Wünsche, und auf jedem neuen Blatte des Lebensbuches steht vornan das Wort: „Entsagen."

Das Hoffen und frohe Vertrauen auf die Zukunft übt aber auch die Ausdauer. Wo der Deutsche mit aller Kraft arbeitet, wo er auf ein weites Ziel losgeht, ohne gleich Früchte zu ernten, da würde der Italiener verzweifeln, oder doch in Unthätigkeit ermatten.

Die Hoffnung tritt daher in den italienischen Liebesliedern auch mehr in den Hintergrund, und wo von ihr gesprochen wird, fällt ihr Begriff schon mit dem des sicher bevorstehenden, aber noch nicht genossenen Glückes zusammen.

Modica: Fern bin ich von dir, du angebetet Gut,
Mein Leben kann nun nicht mehr widerstehen.
Mich Unglücksel'gen quält der Liebe Gluth,
In Schmerz muss meine Seele bald vergehen.
Ich hoffe, Schöne, du liebest mich,
Wenn nicht die Hoffnung wär', ich würde sterben.
Du bist so schön — du liebst mich sicherlich!
Kann ich mit Schönheit nicht, so doch mit Anmuth werben.
(Vigo 590.)

Der Liebende weiss ganz gewiss, dass das Mädchen ihn liebt. Sie hat es ihm wahrscheinlich schon oft gestanden. Nur augenblicklich ist sie fern von ihm und da sucht er sich, so gut es geht, über ihre Abwesenheit zu trösten.

In einem Liede von Avola in Sicilien heisst es: „Jetzt können wir uns nicht einmal besuchen; du kannst nicht zu meinem, ich nicht zu deinem Hause kommen. Wenn wir aber dereinst zusammen sein werden, dann erzählen wir uns unsere Qualen und unsere Pein." In einem Liede von Aci ferner: „Ich habe eine Lilie und eine Rose gesehen; ich habe zwei Liebschaften, doch weiss ich nicht, auf welche ich hoffen soll. Die Weisse ist schön, aber die Braune noch schöner. Darum setze ich meine Hoffnung auf die Braune." Eine ganz gewöhnliche Wendung in den Volksliedern ist diese: „Du bist so schön, du kannst kein undankbares Herz haben; aber selbst wenn du nicht schön wärest: — unni biddizzi c'è, c'è curtisia (wo nicht Schönheit ist, ist doch Höflichkeit). Ich hoffe daher noch eines Tages von dir geliebt zu werden; wenn ich diese Hoffnung nicht hätte, so stürbe ich." Oder der Liebende gibt den Ort an, wo seine Hoffnung wohnt: „In dieser Strasse habe ich eine Hoffnung, denn meine Liebe denkt an eine Kleine. Dass mir da aber niemand zuvorkomme, denn selbst, wenn mein Rival ein Edler aus Frankreich wäre, ich würde ihn meine Waffen kennen lehren." Aber alle Wachsamkeit hilft oft nichts. — „Ich zog mir einst eine Rose auf, mit grossen Sorgen und vielem Schweiss; mit blutigen Thränen begoss ich sie, ich war ihr treu und zugethan zu jeder Zeit. Da musste ich für einige Tage fortgehen, und als ich wiederkam, fand ich die Rose von der Liebe gepflückt! Ich Elender — und der Dorn blieb mir im Herzen."

Eifersucht und Hoffnung sind hier oft unzertrennlich. „Ich sterbe vor Eifersucht und lebe von der Hoffnung. Welche grosse Qual ist die Entfernung und Trennung. Sie haben mir zwei grosse

Wunden im Herzen geschlagen, die du Schöne allein heilen kannst. Erkläre dich doch, du Schöne, und gib mir Hoffnung." Trotz aller guten Vorzeichen führt die Hoffnung aber zur Verzweiflung. „Hoffnung, du hast für mich die letzte Stunde heraufgeführt und mein Herz ist jetzt schwarz, wie die Nacht. Hoffnung, und Liebe sind gestorben. Wenn dein Zorn wenigstens aufhörte, wenn du wenigstens zwei Worte mit mir sprächest. Ich leide die Qualen der Hölle, wo man dem Tod verfallen ist und doch nicht sterben kann." Dann wieder hofft die Liebe Alles, weil sie schon sicher zu besitzen meint. „Berge können sich nimmer mit Bergen einen, aber ich hoffe mit dir einst zur Vereinigung zu gelangen."

Die Hoffnung hat schon deshalb in den italienischen Liebesliedern keine hervorragende Stelle, weil die Liebe hier schnell zu einer Entscheidung gelangt, die über alle Zweifel hinweg führt. Hat man sich erst einigemale in der Kirche während der Messe getroffen, so begnügt man sich nicht mehr mit dieser seltenen Gelegenheit zu verstohlener Unterhaltung. Der Bräutigam wird aufgefordert, in das Haus zu kommen, und haben die Eltern erst ihre Einwilligung zu dem Liebesverhältniss gegeben, so erwartet und verlangt das Mädchen von dem Bräutigam, dass er sie jeden Abend wenigstens auf ein Stündchen im Hause besuche. Dann ist natürlich von der Hoffnung nicht mehr die Rede, denn von nun an hat man gegenseitige Verpflichtungen und Rechte, auf die man sicher rechnen darf. Im Ganzen ist auch nicht das Mädchen der Grund zu Hoffnungen

und Grübeleien, denn mit diesem wird sich der
Jüngling bald in's Reine setzen. Die Hauptfrage ist
vielmehr gewöhnlich die: „Wird mir die Mutter das
Mädchen geben oder nicht?" Davon hängt aller
weitere Verkehr ab. „Wenn mir die Mutter das
Mädchen nicht gibt, dann muss ich mich mit
eigener Hand tödten," heisst es in einem Liede von
Catania.

*   *   *

Eine wirklich schöne Frau soll nach dem sicilianischen Liede dreiunddreissig Schönheiten besitzen,
die uns jedoch nicht namentlich aufgeführt werden.
Aber die Gesammtwirkung so vieler in einem Körper
vereinigter Schönheit muss gross sein, denn das Lied
schliesst: „Schöne, wenn du zur Kirche gehst, so hält
die Sonne im Lauf inne und ruft dir zu: Geh' vorüber!" Toscaner, Venetianer und die Norditaliener
überhaupt wissen von sieben Schönheiten der Frau
zu erzählen. Sie muss hoch und schlank sein, ohne
eines hohen Schuhes zu bedürfen, sie muss weiss
und roth sein, ohne sich zu schminken, breit in den
Schultern, eng in der Taille sein, einen schönen
Mund haben und schön sprechen. Wenn sie dann
noch blonde Haarflechten dazu hat, so ist ihre Schönheit untadelhaft. (Tigri 78.) [11]
Wunderbarer Weise fehlt in dieser Aufzählung
das Auge, das dem italienischen Gesicht doch vor
allem einen so hohen Reiz verleiht. Ich setze daher
noch die Spezialansicht der Venetianer hierher; nach
ihr beruht die Schönheit der Frau auf den breiten

Schultern, der engen Taille, dem kurzen Schritt und schlanken Wuchs, den beiden schönen Augen, der bescheidenen Rede und den vier blonden Flechten. Aber wenn man näher auf die Details eingehen will, welche die Volkslieder von der schönen Frau geben, so findet man kein Ende. Da gibt es keine Blume, die nicht zum Vergleich herangezogen wäre, da müssen Sterne, Sonne und Mond, Morgen- und Abendröthe, der helle Mittag und die dunkle Nacht, Edelsteine und kostbare Metalle, überhaupt Alles, was die Erde an Schönheit und Schätzen bietet, ihre Spiegelbilder in der Schönheit der Geliebten haben. (cf. Vigo 50, 55 etc.) Aber was wir Nordländer am Weibe suchen, das fehlt hier; das Volkslied preist in allen Tonarten die Schönheit des Körpers, aber auch nur sie; selten, sehr selten handelt es sich auch einmal um die Liebenswürdigkeit des Charakters.

„Ich liebe dich, weil du schön bist, weil du eine schöne Gestalt und einen elastischen Gang' hast, weil dein Mund schön, deine Zähne untadelhaft, deine Augen gross und schwarz wie die Nacht sind. Ich liebe dich, weil du dich immer so schön kleidest, dass alle Welt dich anstaunt, etc." — so ungefähr singt der Italiener.

„Ich liebe dich, weil du mir so herzlich gut bist weil wir uns verstehen, weil du mit mir des Lebens Leid und Lust tragen willst, weil wir uns beide eine Welt sind und der äusseren nicht mehr bedürfen", so singt der Nordländer. „Setze du mir einen Spiegel ins Herze hinein, damit du kannst sehen, wie treu ich es mein'". Da tritt die Körperschönheit nie

vorherrschend in den Vordergrund. Wohl heisst es auch
einmal: „Leucht't heller als die Sonne, ihr schönen
Aeugelein!" Auch diese Vorzüge weiss der Nordländer wohl zu schätzen, aber es folgt auch gleich
darauf: „Bei dir ist Freud' und Wonne, du schönes
Jungfräulein".

Der Italiener besingt den Namen, das Haar, die
Augen der Geliebten; — er besingt auch ihr Herz,
oder vielmehr das Herz, welches ihm die Geliebte
geraubt hat. „Was willst du mit beiden Herzen?
Wie soll es werden, wenn wir uns trennen müssen,
dann hast du zwei Herzen und ich habe keins".
Selten kommt dieser Gedanke einmal zu so wunder-
barem Ausdruck, wie in dem folgenden napoletanischen Liede:

Ich ging einmal spazieren
Am Meeresstrande:
Ach, da verlor mein Herz ich
Im tiefen Sande.

Da fragt' ich an dem Strande
Die Schiffer alle:
Dass du es trägst im Busen,
Sagten mir alle.

Nun komm' ich dich zu bitten
Bei Lieb' und Treue.
Ich ohne Herz, du aber
Hast deren zwei!

Und weisst du, was du thun kannst
Du liebe Kleine, —
Behalt' dir meines, schenke
Du mir das deine. *(Kopisch.)*

Nicht nur dem italienischen Volke ist es eigen,
der Sinnlichkeit in so hervorragender Weise zu

huldigen; es findet sich dies mehr oder weniger bei allen südlichen Völkern. Der Körper bedarf im Süden nicht der doppelten und dreifachen Umhüllungen, die im Norden zum Schutz gegen die Kälte nothwendig sind. Die Gestalt des Körpers wird nicht durch Pelze und Shawls, durch schwere Stiefeln und dicke Handschuhe verunstaltet, sondern zeigt sich dem Auge zum Theil ganz frei, zum Theil mit so leichten Stoffen bekleidet, dass weder die Umrisse noch die Bewegungen an Schönheit verlieren. Was Wunder, wenn der Dichter auch gern bei der äusseren Schönheit verweilt, die Augen und Herz erfreut, die offen vor ihm daliegt und nicht erst durch langes Studium erkannt zu werden braucht?

Auch dem Griechen gilt die Körperschönheit über alles. „Dem Griechen ist die Geliebte bald eine Rose, eine Nelke, eine Jasminblüthe, eine Granatblume, bald ein duftiges Basilikenreis, eine zarte Rosmarinpflanze, ein mit Früchten beladener Apfelbaum. Sie ist an einem Festtage geboren, die Engel und Heiligen gaben ihr ihre Gesichtsfarbe. Wenn sie vorübergeht, erfüllt sich die Strasse mit Rosen- und die Kirche mit Moschusduft. Sie ist weiss, wie der Schnee der Berge, ihr Kopf ist ein Silbergefäss, ihre Haare sind Seidenfäden, ihre Augen sind blau wie der Saphir, oder schwarz wie die Oliven von Athen. Ihr Mund ist eine halbgeöffnete Lilie, ihre Stimme ist klangvoll wie der Gesang der Nachtigall, und wenn sie redet, so gibt sie den Kranken die Gesundheit, den Todten das Leben wieder. Ihre Haut glänzt wie die Sonne etc. Für den Griechen

ist die Geliebte das Feuer seiner Augäpfel, der
Athemzug seines Herzens. Sie hat über ihn Gewalt,
und zwar über Leben und Tod. Für die junge
Griechin ist der Geliebte eine schlanke Cypresse, ein
blühender Orangenbaum, ein pfeilschnell fliegender
Falke, ein Adler mit goldenen Fittigen, ein Schiff,
das stolz die Fluthen theilt. Sehr oft enthalten die
Distichen auch nur den Ausdruck einer Hoffnung
oder eines Kummers, manchmal ein kaltes, verächt-
liches Wort, einen bittern Spott, eine grobe Beleidi-
gung, einen Fluch. Dann schämt sich der Grieche
nicht, seine Geliebte als faule Sardine, als stinkenden
Topf, als stiellose Pfanne, oder als alten Esel zu behandeln"[*]. So heisst es in einem neugriechischen
Volksliede:

> Rothe Nelke, süsses Kindchen,
> Du mein blaues Hyazinthchen,
> Neig' dich mir und lass dich grüssen,
> Neig' dich mir und lass dich küssen etc.

Während das italienische Volkslied sich meistentheils damit begnügt, gewisse Naturgegenstände und
Erscheinungen symbolisch in Beziehung zur Geliebten
zu setzen, stellt die griechische Volkspoesie sehr
häufig Blumen und Thiere direct an Stelle des Mädchens. Die griechische Volkspoesie bildet daher gleichsam die Brücke von den spanischen und italienischen
zu den slavischen Volksliedern, in denen die belebte
und unbelebte Natur eine so charakteristische Rolle
spielt. Zur Probe führen wir noch ein neugriechisches
und ein serbisches Liebeslied an, in denen sich die

---

[*] Emile Legrand. Chansons populaires grecques. Paris 1876. p. 9.

enge Beziehung zwischen den Liebenden und der Natur recht bestimmt ausgesprochen findet.

Als Nachts wir uns küssten, o Mädchen,
Hat Keiner uns zugeschaut;
Die Sterne, die standen am Himmel,
Wir haben den Sternen getraut.

Es ist ein Stern gefallen,
Der hat dem Meer uns verklagt,
Da hat das Meer es dem Ruder,
Das Ruder dem Schiffer gesagt.

Da sang derselbe Schiffer
Es seiner Liebsten vor;
Nun singen's auf Strassen und Märkten
Die Mädchen und Knaben im Chor. *(W. Müller.)*

* * *

Küssten sich zwei Liebste auf der Wiese,
Und sie glaubten, dass sie niemand sähe;
Doch es sahe sie die grüne Wiese,
Und sie kündet es der weissen Heerde,
Und die Heerde sagt' es ihrem Hirten,
Und der Hirt dem Wandrer auf dem Heerweg,
Und dem Meer, dem Schiffer sagt's der Wandrer,
Und der Schiffer seinem Schiff von Nussbaum;
Schifflein sagte es dem kalten Wasser,
Und das Wasser sagt's des Mädchens Mutter.
Drauf verwünschend spricht das schöne Mädchen:
O, du Wiese sollst mir nimmer grünen!
Heerde, Wölfe mögen dich zerreissen!
O du Hirt, die Türken dich enthaupten!
Wandrer, mögen dir die Füsse schwinden!
Schiffer, dich hinweg die Wellen spülen!
Leichtes Schiff, du sollst in Brand auflodern,
Wasser, du sollst bis zum Grund versiegen! *(Talvj.)*

* * *

Wir sind jetzt schon mitten in den Abschnitt hineingerathen, der das Liebesleben von dem Augenblick, wo das entscheidende Ja gefallen ist, bis zur Abschliessung der Ehe umfasst. In diese Zeit gehören alle die Lieder, welche in den italienischen Sammlungen unter den Titeln: „Schönheit des Mannes, Schönheit der Frau, das Haar, die Augen, die Liebe" zusammengestellt werden. Da diese Lieder in der Behandlung der Gedanken nichts Wesentliches bringen, was nicht schon vorher besprochen worden wäre, so genügt es hier, kurz auf den poetischen Anhang zu verweisen, in dem noch Proben solcher Lieder zusammengestellt sind.

Aber die Zeit von der Verlobung bis zur Vereinigung der Liebenden in der Ehe verläuft nicht immer so ganz ohne Unterbrechung des glücklichen Zusammenlebens. Der Fischer und Schiffer müssen hinaus auf die See, der Arbeiter geht aus dem Gebirge in die Ebenen, um sich dort seinen Lebensunterhalt zu verdienen; so Mancher sucht in der Schweiz, in Deutschland oder Oesterreich für den Sommer Arbeit, — genug, es gibt so verschiedene Ursachen, die eine zeitweilige Trennung nothwendig machen, und während dieser Zeit ist der Briefwechsel die einzige Verbindung, welche einen Verkehr zwischen den Liebenden möglich macht.

Der Correspondenz müssen allem Anschein nach bedeutende Schwierigkeiten in den Weg treten in einem Lande, in dem in manchen Districten 60—90 Procent zu den analfabeti, d. h. den des Lesens und Schreibens Unkundigen gerechnet werden müssen. In der That aber ist die Sache durchaus nicht so schwierig.

8*

In den grossen Städten Unteritaliens, namentlich in Neapel, gibt es öffentliche Schreiber, die für einige Soldi alle möglichen Briefe schreiben. In einen weiten Mantel gehüllt sitzen sie in den Vorhallen des Teatro S. Carlo, am Mercato und an anderen Orten der Stadt. Auf dem kleinen Tischchen haben sie vor sich einige Hefte Briefpapier und Couverts, die durch ein Stück Lava festgehalten werden; ein Stuhl steht noch neben dem Tisch — für die Clienten. Obwohl manche dieser Schreiber noch mit Grammatik und Orthographie auf dem Kriegsfuss stehen, so gibt es doch auch andere, die an ihrem Schreibtisch eine grosse weisse Papptafel anbringen, von der den Vorübergehenden die bedeutungsvollen Worte: „si traduce il francese" entgegenleuchten. In den abgelegenen kleinen Städten und Dörfern sind allerdings nicht immer so leicht als in Neapel Schreiber für Geld zu haben, immerhin gibt es aber auch dort die eine oder die andere Person, welche des Schreibens kundig ist, und den ihrer Dienste Bedürftigen auch unentgeldlich hilft. Für gewöhnlich wird dem Schreiber der Sachverhalt erzählt und die Form des Briefes ist dann seine Sache. So macht man es wenigstens bei den vorwiegend geschäftlichen Correspondenzen. Aber die Liebe lässt sich nicht wie ein Geschäft abmachen. Wie kann der Schreiber wissen, was der Liebende seiner Geliebten gerade mittheilen will aus dem reichen Schatz seiner Liebe? Die Liebenden haben sich gewöhnlich viel und doch eigentlich gar nichts zu sagen, und wenn nicht der ganze Brief eine Sammlung überschwänglicher Redensarten sein soll eine Aneinanderreihung von Phrasen, wie man sie in jedem Liebesbriefsteller findet, so muss der Liebende den Brief selbst dictiren. Und dies geschieht oft genug. Ja, der liebende Jüngling geht sogar manchmal soweit, dass er dem Schreiber ganz genau die Form des Briefes vorschreibt, dass er seine Liebesgedanken und Sehnsuchtsseufzer in Verse fasst, die der Schreiber nur aufzuzeichnen hat.

Tigri hat in seiner Sammlung toscanischer Volkslieder mehrere Briefe mitgetheilt, die von toscanischen Landleuten an ihre Geliebten daheim geschrieben wurden, während sie selbst in den Maremmen oder der römischen Campagna arbeiteten. Wenn wir auch in diesen, meistentheils in Octaven abgefassten Briefen sehr vielen Versen begegnen, die wir schon aus diesem oder jenem Volksliede kennen, so sind dieselben doch nicht in dem Grade vorherrschend, dass die eigene Arbeit des Schreibers sich auf die kunstgerechte und die augenblicklich zweckentsprechende Verbindung dieser Verse beschränkte. Im Gegentheil, oft zeigt sich eine Ursprünglichkeit des Gefühls, eine Originalität des Gedankens und eine Feinheit der Form in diesen Briefen, dass Tigri nicht mit Unrecht solche Verse für würdig des Zeitalters Dantes hält. Natürlich, man kann gerechten Zweifel daran hegen, ob nun diese Briefe wirklich von den Landleuten in der von Tigri gebotenen Form abgefasst, oder ob sie andern Ursprungs und nur aus dem Gedächtniss niedergeschrieben sind. Tigri ist in Bezug auf diese Dinge durchaus Kenner seines Vaterlandes, und wir können ihm aufs Wort glauben

.wenn er uns sagt: „man muss bedenken, wie selten es vorkommt, dass in einem Flecken, oder in den jetzt mit Unrecht sogenannten Bergcastellen, nicht ein Dichter oder eine Dichterin lebe; denn bei ihnen verbirgt sich, wie das Sprüchwort sagt, ein edler Schatz unter unscheinbarem Gewande. Auch kommt es selten vor, dass unter den Schaaren der Landleute in den Maremmen sich Niemand befinde, der nicht in Versen schreibe. Kann aber der Schreiber selbst keinen Brief in Versen abfassen (die an die Geliebte (dama) gerichteten Briefe sind gewöhnlich in Versen geschrieben), so nimmt er seine Zuflucht zu dem Dichter des Orts, der, sobald er den Inhalt des Briefes erfahren hat, denselben sogleich ausspinnt. . . Was nun die Briefe anbetrifft, die ich hier herausgegeben habe, so scheint es in der That sonderbar, dass in unserer Zeit ein einfacher Bergbewohner sie in so reizenden Versen dictirt haben sollte. Aber ich kann bezeugen, dass es gar keinem Zweifel unterliegt, dass sie von dem Schreiber selbst gedichtet sind. Ich habe sie von denen erhalten, an die sie gerichtet waren, ich habe sie von den Originalen copirt und sie in derselben Orthographie drucken lassen, in der sie geschrieben sind". Ich lasse hier einen dieser Briefe im Original folgen; jeder wird sich so am Besten ein Urtheil über diese Art von Poesie bilden können.

Lettera scritta da un Montanino del Pistojese.

Dalle Maremme toscane 1851.

„Speranza del mio cor, leggi il mio scritto."
Da che partii da voi, speranza amata,
Jo vivo sempre in mar di confusione,

E passo inquieto il giorno e la nottata,
Senza trovar giammai consolazione,
Ma spero che verrà quella giornata
Che ognuno spiegherà il suo dolore.
Benchè lontano io sia, ti voglio dire,
Per te son nato, e per te vo' morire.

Con la presente vengo, Teresina,
A darvi nuova del mio bene stare.
E speranza ho nella bontà divina
Che ancora voi non istate male.
Dal giorno che partii dalla collina
Cominciò lo mio core a sospirare,
Sempre pensando a voi, dolce amor mio,
E sol di rivedervi ho gran desio.

Dimoro in una macchia, o gentil fiore,
Giglio dei gigli, pieno di dolcezza.
Più d'altra donna tu porti splendore,
Fontana piena di piacevolezza.
Mi sottoscrivo qui per tuo amatore,
Ma di esser damo ver non ho certezza;
Chè ho gran sospetto e pene dentro al core
Che provvrista ti sia d'un altro amore*).

---

*) Brief eines Bergbewohners aus Pistoja.
Aus den toscanischen Maremmen 1851.

Du meines Herzens Hoffnung, lies mein Schreiben.

Seit ich von dir fortgegangen, geliebte Hoffnung, lebe ich fortwährend in einem Meere von Verwirrung, und unruhig verbringe ich
den Tag und die Nacht, ohne jemals Trost zu finden. Aber ich hoffe,
dass einst der Tag noch kommen wird, da wir einander uns unsere
Schmerzen erzählen werden. Und ob ich fern bin, will ich dir doch
sagen, für dich bin ich geboren und für dich will ich auch sterben.

In dem vorliegenden Schreiben, Teresina, will ich dir Nachricht
geben, dass ich mich wohl befinde. Und ich hoffe von der Güte Gottes,
dass auch du nicht krank sei'st. Seit dem Tage, an welchem ich von
den Bergen herniederstieg, fing mein Herz an zu seufzen; immer dachte
ich an dich, mein süsses Lieb, und nur dich wiederzusehen ist mein
Herzenswunsch.

Ich wohne in einem Waldgrunde, o zarte Blume, Lilie unter den
Lilien, von Süssigkeit erfüllt. Glänzender und ruhmreicher als jedes

Sappiate, che funno si grandi le pene
Quando, bella, da voi feci partenza
Benchè sembrava che io stessi bene,
Che quasi rimanei di vita senza.
E fra me stesso dissi: or mi conviene
Far la crudele solita partenza;
Il crudele destin mi manda via
Dalla vostra presenza, anima mia!

andere Weib bist du, du Quell aller Anmuth. Ich unterschreibe mich
hier als dein Liebhaber*); aber ob ich es in Wahrheit bin, dess bin
ich nicht sicher. Denn ich trage im Herzen grossen Verdacht und die
Qual, dass du dir eine andere Liebe erwählet habest.

Wisse, dass als ich, Schöne, von dir Abschied nahm, mein Schmerz
so gross war, dass ich fast das Leben ausgehaucht hätte, wenn ich
mich gleich wohl zu befinden schien.

Und zu mir selber sprach ich: jetzt trifft es mich, wie gewöhnlich,
den grausamen Abschied zu nehmen. Das grausame Geschick sendet
mich fort aus deiner Nähe, mein Leben!

Doch hoffe ich gar sehr, dass du dich der Worte erinnerst, die
wir zu einander sprachen. Ich versprach dir Liebe, wie du weisst; ich
versprach dir, immer vereint mit dir zu leben. Mit den Banden der
Liebe gefesselt hast du dies, mein armes Herz, das dir angehört, das
mir geraubt wurde wie ein Blitz, und gefangen in deinem Busen blieb.

Vor Schmerz versagt meine Feder mir fast den Dienst (wörtlich:
fällt in Ohnmacht) und die Thränen rinnen auf das Blatt hernieder,
wenn ich an dein heiteres Antlitz gedenke, wenn ich es mir recht klar
mache, wie unendlich gut ich dir bin. Mein Busen stösst so mächtige
Seufzer aus, dass eine harte Klippe sich dadurch erweichen liesse, und
ein hartes Herz weinen würde. Drum bedenke, ob ich wohl Liebe zu
dir hege!

Ich will jetzt (den Brief) beendigen, um dich nicht zu langweilen.
Ich hoffe wenigstens auf ein Zeichen deiner Liebe, damit ich theil-
weise die herben Schmerzen lindern könne, die ich im Busen trage.
Und von Grüssen will ich dir mehr schicken, als Sterne am klaren
Himmel stehen. Ich hoffe, wir sehen uns wieder, wie ich wünsche.
Nun falte ich das Blatt zusammen und sage dir dabei Lebewohl. —

---

*) Die Geliebte wird in Toscana gewöhnlich „dama" genannt. Der Liebende
heisst entweder „servente amoroso" oder auch „damo". Hier in unserem Briefe
wird der Unterschied zwischen amatore und damo gemacht. Das Erstere lässt sich
wörtlich am besten mit Liebhaber, das Zweite dem Sinne entsprechend als Geliebter übersetzen.

Io spero ben che vi rammenterete
Le parole che dissemo fra noi.
Io vi promessi amor, come sapete,
E di esser sempre unitamente a voi
Con i lacci d'amor legato avete
Questo misero core unito a voi,
Che rapito mi fu come baleno,
E prigionier restò dentro al tuo seno.

La mia penna dal duol quasi vien meno,
E le lagrime cadono sul foglio,
A ricordarmi del viso sereno,
A ripensare al bene ch'io vi voglio.
Getta sì forte sospiri il mio seno
Che intenerir farebbe un duro scoglio,
E lagrimar farebbe un duro core;
Dunque pensate se vi porto amore!

Voglio far fin per non vi più tediare.
Spero del vostro amore un segno almeno;
Perchè io possa in parte raffrenare
Le acerbe pene ch'io ne porto in seno.
E di' saluti ve ne vo' mandare
Più che stelle non è nel ciel sereno.
Spero ci rivedrem, come desio,
Ripiego il foglio, e qui vi dico addio.

In den Briefen wird uns oft genug bezeugt, dass der Schreiber auch zugleich der Liebende und Dichter war; in einem heisst es u. a.:

Vanne, foglio gentile, onesto e casto
Che proprio di mia mente t'ho composto.

Sonst wird auch wohl der Schreiber zugleich als Dichter gepriesen, ohne dass er selbst der Liebhaber wäre:

Salutatemi, bella, lo scrivano:
Non lo connosco e non so chi si sia.
A me mi pare un poeta sovrano,
Tanto gli è sperto nella poesia.

Bene istruito, e con la penna in mano,
Secondo Apollo mi sembra che sia;
Al fonte d'Elicona abbeverato
E dalle nove Muse incoronato.

Als der Jüngling das geliebte Mädchen kennen
lernte, trieb es ihn, zu singen, als er sie erworben
hatte und ihres Besitzes gewiss war, verstummte er
wieder, denn die Liebe spricht wenig, so lange sie
glücklich ist. Dann hat sie an sich selbst genug.
Nur dann ist sie beredt, wenn sie noch in Hoffen
und Bangen lebt, wenn sie noch nicht erhört ist,
wenn sie anklagt, wenn sie nicht mehr erhört wird,
vor dem Triumph oder nach der Ernüchterung, wenn
sie unruhig, ungeduldig oder unglücklich ist. „Ueberall", · sagt Boullier, „bringt der Mensch die Vögel
mit seiner Liebe in Verbindung. Die junge Sardin
fragt den Kukuk, später vertraut sie ihre Schmerzen
und ihre Botschaften der Taube an. In einem
dänischen Volksliede verkündet eine Nachtigall einem
Jünglinge den Tod seiner Geliebten". Die Toscanerin
vertraut ihre Botschaft dem Winde, der auch bei
anderen Völkern so oft die Liebesgrüsse überbringen
muss. In einem venetianischen Liede heisst es:

Gott! könnt ich's machen wie die Winde,
Das Händchen ihr zu drücken, zu ihr gehen.
Ich glaube, dass sich grössre Pein nicht finde,
Als sich zu lieben und sich fern zu stehen.

(Dalmedico p. 97.)

Seit sich die Liebenden wieder einander fern
sind, gewinnt der Gesang auch wieder eine hervorragende Bedeutung für sie. Das, was sie sich sonst
heimlich vertrauten, so lange sie bei einander waren,

offenbart sich nun im Liede. Grüsse sind es, Sehnsuchtsseufzer, den Schwalben und Tauben anvertraut.
Sie sind wieder unglücklich geworden. Doch über
dem Unglück der Trennung, das sie beklagen, schwebt
verklärend die Gewissheit der gegenseitigen Zuneigung und der unwandelbaren Treue.

Sardegna: Wenn ich dich nicht sehe
Hundert Jahre scheint mir ein Augenblick!
Weisst, um was ich flehe? —
Um Frieden, Einigung und Glück.
Doch nun muss ich mich bescheiden,
Dir zu malen meine Leiden. (Spanò. 40.)

* * *

Umbria: Blüthe des Rohres!
Wie wollt ihr, dass ich schlafe in der Nacht,
Da mich mein Herz um den Verstand gebracht?
Er stürzt mir Leib und Seele in's Verderben,
Und eh' ich ihn verlasse, will ich sterben.
(Dalmedico. S. 207.)

* * *

Friuli: Bitt' dich, Vöglein, in den Lüften
Flieg' zu der, um die ich werbe.
Vor dem Fenster sing' ein Liedchen,
Dass sie nicht vor Liebe sterbe. (Gortani S. 8.)

* * *

Friuli: O du schönes Abendsternchen,
Hättest Sprache du empfangen,
Einen Gruss an meinen Liebsten
Liess ich dann durch dich gelangen. (Gortani. S. 10.)

* * *

Avellino: Seit du fortgingst hab' ich nie gelacht,
Und seh' ich deine Kleider, muss ich klagen;
Aus deiner Vaterstadt die Leute seh' ich

Und weinend geh' ich, sie zu fragen;
Zu Freunden will ich sie mir machen,
Dass sie dir meine Grüsse sagen.

(Imbriani. Canti Avell. 34.)

* * *

Avellino: Du Schwälbchen, das du durch die Lüfte fliegst,
Halt' ein ein Weilchen; will dir etwas sagen.
Gib mir ein Federchen aus deinem Flügel,
Das soll mein Leid dem Liebsten klagen.
In meinem Blute will ich's baden,
Mein Herz als Siegel sei drauf angebracht.
Geh' Schwälbchen, geh' und such ihn' auf.
Sieh', — was er macht und denkt und sagt,
Und ob ihn unsere Trennung traurig macht.

(Imbriani. Canti Avell. 135.)

* * *

Avellino: Geh' hin mein Brief, du thränenreiches Blatt,
In jene Hände leg', was ich geschrieben,
Dass sie es lese Blatt für Blatt:
So gross ihr Hass ist, ist mein Lieben.

(Imbriani. Canti Avell. 96.)

* * *

Venezia: Ganz Venedig seh' ich von meinem Balcon,
Ich seh' meinen Liebsten, der eilet davon.
Von meinem Balcon erblick' ich das Meer,
Auf den Wogen segelt mein Lieb einher.

(Bernoni III. 10.)

* * *

Marche: Mein Herz, ein Briefchen schreib ich dir.
Vor grossem Schmerz erzittert meine Hand.
Ich lass dich wissen, schlecht ergeht es mir,
Denn fern von dir bin ich im fremden Land.

(Gianandrea. S. 153. II.)

* * *

Marche: Unter Thränen will ich Abschied nehmen,
Unter Thränen wandern meine Strasse,
Trüben Blicks dir sagen: Mein gedenke,
Schöne Palme, die ich jetzt verlasse.

(Gianandrea S. 143 2.)

*   *   *

Toscana: Verlässt du mich, will ich dich nicht verlassen,
Gehst du auch fort, — es soll mich nicht verwirren.
Selbst über's Meer hin folg' ich deinen Strassen
Und will mit dir die Welt durchirren.
Gehst du zur See mit Schmerz und Klagen,
Geh ich mit dir, will nicht verzagen.
Gehst du zur See mit Klagen und mit Schmerzen,
Wohin du gehst, bleib ich an deinem Herzen.

(Tigri 586.)

*   *   *

Toscana: Ich wollt', ich wär ein Vögelein,
Hätt' Flügel, davon zu eilen,
Dann flög' ich zu jenem Garten fein,
Bei meinem Lieb' zu weilen.
Und durch den Garten schweift' ich hin,
Und bliebe Tag und Nacht darin.   (Tigri 625.)

*   *   *

Toscana: O Sonne, die du gehst zur Ruh,
Wirst hinterm Hügel du untergehen,
Mir zu Gefallen grüsse mein Liebchen du,
Ich habe sie heute nicht gesehen.

(Tigri 629.)

*   *   *

Toscana: O dunkles Haus, verwittwet Fenster,
Wo ist die Sonne, die ich hier sah scheinen?
Die ihr zum Feste freundlich lachte,
Nun seh ich hier die Steine weinen.
Jetzt brechen die Steine in Klagen aus, —
O liebes Fenster, o dunkles Haus!   (Tigri. 646.)

*   *   *

Toscana: Als ich von meiner Heimat schied
Verliess ich mein Lieb in Klagen.
Sie war so schön, sie war so lieb,
Thät nach der Heimkehr fragen.
In wen'gen Worten sagt' ich ihr,
Wann Gott will, bin ich wieder hier!
Das bittre Wort hat sie vernommen,
Im Maien will ich wiederkommen. (Tigri 592.

* * *

Roma: Welch' grausam Schicksal in der Barbarei! —
Kann meine Krankheit nimmer Heilung finden.
Ihr Aerzte, bitt' euch, steht mir bei
Und lasst nicht ganz mein Leben schwinden.
Lasst eilend meine Schöne kommen,
Sonst wird der Rest des Lebens mir genommen.
(Comparetti III. 159.)

* * *

Istria: Das Turteltäubchen, das sein Lieb verloren,
In Gram und Schmerzen siehst du es versinken.
Zum klaren Wasser fliegt's, sich drin zu baden,
Und aus der schlammerfüllten Fluth zu trinken.
Und schweift allein dann seufzend durch die Berge.
Zur Sonne fleht's, dass sie es nicht verbrenne.
Und mit den Flügeln hat's sein Herz geschlagen:
Muss um's verlorne Lieb' ich Aermste klagen.
(L'Aurora S. 157. n. 9.)

* * *

Es sei vergönnt, hier noch gleich ein Lied anzuführen, das, wenn auch nicht Volkslied in dem
Sinne der oben angeführten Lieder, doch in Süditalien
und namentlich am Golf von Neapel zum Volkslied
geworden ist. Text und Melodie sind gleich zart
und ergreifend.

Die schöne Sorrentinerin [12]).

Sah dich einst bei Piedigrotta,
Warst berauscht von Lust und Freude;
Kamst an deiner Mutter Seite,
Gold und Perlen dein Geschmeide.
War mit Gold durchwirkt das Mieder,
Seidne Tücher wallten nieder,
Strahlte dein Gewand von Golde
Und bezaubernd lachtest du.
Maid Sorrents, du schöne, holde,
Lässt dem Herzen keine Ruh.

Hab' nicht Frieden seit dem Tage;
Nacht und Tag die Qualen schüren,
Ward die Meerfahrt mir zur Plage,
Mag nicht mehr das Ruder führen.
Armes Boot, die Fluthen theile,
Nach Sorrent hinübereile.
Spät und früh beim Dämmrungsscheine
Lass uns dorthin weinend gehn.
Maid Sorrents, du schöne, feine,
Sollst mich bitter weinen sehn.

Sturmestosen lässt mich bangen,
Meeresstille ist mir Grauen.
Du, mein Stern, bist mein Verlangen,
Lass mich doch dein Antlitz schauen.
Jüngst ging ich in düstrer Stunde
Mit dem Nachen fast zu Grunde.
An Resinas Felsgestaden
Ward mein Fahrzeug fast zerschellt.
Maid Sorrents, du liebelose,
Hast das Leben mir vergällt.

Wirst du dich nicht bald erbarmen,
Schöne Maid mit eis'gem Herzen,
Soll mein Herz in andern Armen,
Rache dir! die Lieb' verschmerzen.
Weh! Der Himmel wird zur Wüste,
Vor dem Blick entflieht die Küste.

Stürmisch braust's, die Sonne sinket,
Bin allein auf wilder See.
Maid Sorrents! Im Meer versinket
Nun mein Herz und all sein Weh.

*   *   *

„Les courtes absences animent l'amour, mais les longues le font mourir" sagt Mirabeau. Aber die Liebe stirbt nicht so ohne Weiteres. Sie macht vor ihrem Tode noch verschiedene Entwickelungsstadien durch, und auf diese müssen wir jetzt noch einen Blick werfen.

Nach der Trennung sehen die Liebenden sich zunächst fast auf den Punkt zurückversetzt, auf dem sie vor der gegenseitigen Erklärung ihrer Liebe standen. · Die Stunde des Wiedersehens ist es, auf die sie jetzt ihre Gedanken richten, wie einst auf den Augenblick des ersten Liebesgeständnisses. Lange wird es dauern, ehe man sich wiedersieht! Wie viele trübe Tage wird die Trennung noch bringen! Doch wie! Wenn die Trennung nimmer endete! Der Gedanke liegt so nahe! Es giebt draussen noch so viele junge, lebensfrohe Mädchen; und zu Hause sind noch so viele lustige junge Burschen, die vielleicht einst Mitbewerber des Jünglings waren und ihr Intriguenspiel und ihren Liebesdienst jetzt vielleicht ungestört von neuem beginnen. Und wird die Geliebte stark genug sein, den Verlockungen zu widerstehen? Zunächst wohl, denn die Eindrücke sind noch zu neu und zu mächtig, die Erinnerung an nun schon so oft gemeinsam genossenes Glück ist noch zu lebendig, als dass sie eine neue Leidenschaft so schnell im Herzen aufkommen liessen.

Hier ist ja die Stelle, wo man sich so oft getroffen hat; hier ist der Brunnen, an dem man sich so viel von Liebe zu erzählen wusste. Im Glase sind die Rosen noch nicht verwelkt, die der scheidende Geliebte brachte, und er, der in die Maremmen oder nach Rom wanderte, lebt noch mit seinen Gedanken so ganz in der Heimat. Aber die bunt wechselnden Bilder, welche jeder neue Tag heraufführt, lassen jene Eindrücke bald matter werden und verblassen. Nur von Zeit zu Zeit tauchen die Erinnerungen an das Liebesglück auf, und dann beherrschen sie das Herz vollständig. Werde ich noch wieder so glücklich sein wie einst? Wird er mein nicht vergessen in der Ferne, oder schliesst er schon eine Andere an sein Herz und entweiht er das Heiligthum unserer Liebe? Das sind die Fragen, mit denen Eifersucht an das Herzenskämmerlein klopft, und wenn sie erst einmal angepocht hat, wenn sie erst einmal ihren Vorläufer, den Zweifel, ins Hirn gesandt hat, dann ist's um den Frieden im Busen bald geschehen. Das Herz fängt wieder an zu klagen. Aber nun schwebt über der Klage nicht mehr die Gewissheit des einstigen Wiedersehens, die die Töne des Schmerzes auch einmal durch einen freudigen Accord unterbrach. Jetzt sind es Vorwürfe, Missgunst, Anklagen, ja wohl Flüche und Verwünschungen, die sich in die Klage mischen und sich ohne Ruhe oft in buntem Gemisch folgen. „Du undankbares, unerkenntliches Türkenherz, was war das für eine Liebe, die du zu mir hegtest? Tausend Eide hast du mir geschworen, du wollest mein Vaterland nicht verlassen. Nun hast du mich wegen so geringer Ursache verlassen, als ob

ich die Schuld daran trüge. Es giebt nur Etwas,
worüber ich mich freue, das ist, dass die, welche du
liebst, nicht besser ist als ich." (Vigo 1960.)

Avola: Du täuschtest, Falsche, mich! Wo ist die Treue?
Wo ist das Glück, das ich dir bot? — Verloren.
Betrogen hast du immer mich auf's Neue,
Hast falsche Eide mir geschworen.
Noch steht die Welt; ich werde nicht verzagen!
Ich lebe noch, ob du mich auch verlassen.
„Wo ist er?" Wirst du einst noch ängstlich fragen
Und Reue wird dein treulos Herz erfassen.   (Vigo 1997.)

„Geh fort! Mein bist du nicht mehr; du gehörst
einer Anderen an. Einer Anderen läufst du nach;
eine Andere gebietet dir. Du bist ein Mann, der
zwei und drei Mädchen geliebt hat; so machst du es
auch mit mir, tyrannisches Herz. Ich liebte dich und
habe wieder verlernt, dich zu lieben, — sage mir
weshalb? Weshalb hast du einer Anderen deine
Liebe zugewandt? (Vigo 1998.) Welche Bitterkeit
liegt in den vier Versen des Liedes von Avellino:

Schöne, die du gehst und kommst vom Frankenlande,
Sag' mir, wie erblüht die Lieb' im Herzen?
Sie erblüht mit Sang und Liedern,
Sie erstirbt in Qual und Schmerzen.
(Imbriani C. Avellinesi. 18.)

*   *   *

Fast eine Ahnung des künftigen Unglücks spricht
sich in einem toscanischen Liede aus:

Dunkle Wolken über'm Thale hangen,
Seh' nicht mehr die Sonne sich erheben.
Ist das rothe Röslein fortgegangen,
In die Ferne ging mein Lieb', mein Leben.

Sie verliess mich, hat nicht Lebewohl gesagt;
Denk' nur, wie mein traurig Herze klagt.
Gab zum Abschied keinen Liebesgruss:
Denk' nur, wie mich das betrüben muss.　　(Tigri 645.)

* * *

„Weshalb hast du mich verlassen?" das ist die erste vorwurfsvolle Frage, die nun die Liebenden an einander stellen. „Weshalb gehst Du so kalt und herzlos an mir vorüber?"

Toscana: Und hatt'st du mich ein Stündchen nicht gesehn,
Dann pflegtest du unter den Leuten zu späh'n.
Nun siehst du mich und grüssest mich nicht mehr,
Als ob ich nie dein Lieb' gewesen wär!

(Tigri. 887.)

„Jüngling, du machst es wie die Erbsenranke, die sich um alle Aeste schlingen will; wenn du ein schönes Gesicht siehst, gleich verliebst du dich drin. Diese Mädchen werden dir einen Spitznamen geben; sie werden dich Liebesverräther nennen." „Hirnverdreht will ich dich nennen, denn du bist kein treuer Buhle. Heute im Dorfe, morgen in der Stadt, mit allen fängst du eine Liebschaft an." „Mein Lieb, wenn du mir gut bist, so thu' mir einen Gefallen: Lass die anderen Mädchen gehen; mit denen du dich abgibst. Gib mir ein Schreiben, in dem du mir erklärst, dass du mir gut bist, damit ich es den anderen Mädchen zeigen könne. Schreibe mir einen Brief, ich bitte dich! Dich kostet es ja nichts und mich machst du glücklich." „O, was hab' ich dir gethan, mein süsses Leben? Wenn du mich siehst, dann verbirgst du dich. Ich weiss wohl, ich weiss es, du

9*

hast ein andres Lieb; ihm gibst du die Rosen und mir das Laub; ihm gibst du die duftigen Rosen, und meinem Herzen bereitest du Schmerzen." „Hoffnung meines Herzens warst du einmal, jetzt bist du die Hoffnung einer andern. Gedenkst du nicht mehr jener Zeit, da wir beide uns liebten? Erinnerst du dich nicht mehr jener schönen Tage? O verschwundene Zeit, warum kehrest du nimmer wieder?" „Doch geh' nur, wohin du willst, ich bin's zufrieden. Geh' nach dem Orte und zu dem Lande, wohin es dein Herz zieht. Und wenn du lange herumgewandert sein wirst, wirst du doch nie ein treues Mädchen finden. Und ob du lange Zeit herumwanderst, eine treuere Maid als mich wirst du nicht finden."

Wer trägt die Schuld an dem Unglück? Vielleicht die bösen Leute. — „O trefflicher Jüngling, was hast du? So sehr ziehst du dich von mir zurück; du leihest zu sehr dem Geschwätz der Leute Ohr, die voll Falschheit sind." „Wie viele Seufzer habe ich deinetwegen in die Luft gehaucht; ich habe es stets so treu mit dir gemeint, aber du hast mich in den feurigen Ofen geworfen, und ich muss verbrennen wie dürres Holz. Vor deinen schönen Augen habe ich mich auf die Kniee geworfen, zarte Blume. Um Frieden bitte ich dich und nicht um Krieg, habe ich doch nur noch wenige Stunden zu leben. Und wenn mein Leben tausend Jahre dauerte, immer würde ich deinem Befehle und deiner Liebe dienstbar sein." Aber du glaubst meinen Worten nicht. Nimm doch ein goldenes Messer und verwunde meine Seele, wie es dir beliebt; dann wirst du sehen, wie ich dich

liebe und anbete, und ob es Wahrheit ist, was ich
dir gesagt habe."

Endlich ist es so weit gekommen, dass keine
Hoffnung auf Aussöhnung mehr vorhanden ist. Ver-
achtung, Kälte und Entsagung sind nun der Grund-
accord der Lieder. „Ich liebe dich nicht, ich sehne
mich nicht nach dir, ich will dich nicht. Verfluchen
will ich den Tag, an dem ich dich zum ersten Male
sprach." „O, was hab ich dir gethan, du Eselsmaul,
dass du mich bei jedem Wort coquett schiltst?
Wenn ich ein Mann wäre, würde ich dir den Schädel
einschlagen, aber ich bin ein Weib und will nicht
Rache nehmen. Rache will ich nicht nehmen, weil
ich ein Weib bin. Sorge für deine Angelegenheiten
und kümmere dich nicht um mich."

Nun aber bricht die Klage aus, denn mit dem
Liebestraum hat gewöhnlich auch der Lebenstraum
ein Ende. In keinem Augenblick des Lebens ist der
Mensch so unglücklich, als in der Stunde, da ihn
Liebe verrathen. Aus der sonnigen Höhe des Lebens
sich hinabgestürzt sehen in einen bodenlosen, dunkeln
Abgrund, in dem kein Stern mehr leuchtet und wo
keine Wonnen den Sinkenden erwarten, das vernichtet
jede noch übrig bleibende Lebenshoffnung und macht
mit dem Tode befreundet. Durch alle diese Klagelieder
zieht wie Grabesgeläut der Gedanke: „Lass mich nur
sterben, denn Liebe und Leben sind verrauscht. Lass
mich nur sterben und du wirst an meinem Grabe inne
werden, wie ich dich geliebt und was du an mir verloren!"

„Komm, Tod, zu mir, wenn ich dich rufe; zum
Ekel ist das Leben mir geworden."

Toscana: 's gab eine Zeit, da ich mit dir gesprochen,
Nun bin ich nicht mehr würdig, dich zu sehen,
Wenn ich dich damals auf dem Weg getroffen,
Senk't ich die Augen, — wollt' vor Freud' vergehen.
Nun du mich meiner Liebe hast beraubt,
Ist's Zeit zu sterben und ich beug' das Haupt;
Jetzt, da du all' mein Glück mir hast genommen,
Beug' ich das Haupt, — der Tod mag kommen.

(Tigri 1114.)

* * *

Toscana: Wie viele Schwüre, wie viele Eide,
Hast du mir geschworen, grausamer Mann!
Und hast mich tausendmal verrathen,
Warst treu nicht einen Tag mir zugethan.
Ihr Teufel alle, merket wachsam d'rauf,
Nehmt in die Hölle den Verdammten auf.
Er sei mit Qualen und Leiden geschlagen.
Ich hab' drei Jahr seine Martern ertragen.

(Tigri 1125)

* * *

Toscana: Nun werd ich sterben! — Was kann dir's bedeuten?
Zur letzten Ruhstatt werden sie mich bringen.
Und wenn du hörst, dass sie die Glocken läuten,
Mit leiser Stimme Miserere singen,
Und dass sie mich zur Kirche tragen,
— Meine Augen gebrochen, die Hände gefaltet,
Dann wirst du's bitter bereu'n und klagen;
Doch ist's zu spät, — dann ist die Gluth erkaltet.

(Tigri. 1142.)

* * *

Diese Klagen sollen den Geliebten beschwören, dass er sich zu Liebe und Erbarmen bekehre. Sie enthalten so oft Mahnungen an die Zeit nach dem Tode, wenn der Ueberlebende zu dem Grabe des Dahingeschiedenen kommen und seine Herzlosigkeit bereuen wird. „Wenn du erfahren wirst, dass ich gestorben bin, wie gern wirst du dann zur Messe gehen; zum dunkeln Grabe wirst du wallen und es mit Weihwasser besprengen. Und dann wirst du sagen: Hier ruhen die Gebeine meiner Liebe, die ich so viel quälte."

Was bleibt dem, der vom Liebsten verlassen wurde, noch in der Welt? — Alles ist leerer Schall und ein Nichts. Das verstossene Herz bleibt nun allein mit seiner. endlosen, unermesslich reichen Liebe, verwaist in der Wüste des Lebens, 'und sehnt sich nur nach dem Tode. Aber die Liebe stirbt im Tode nicht. „Ich will voraus gehen und dir im Himmel die Stätte bereiten," sagt die sterbende Geliebte. „Und ob du mich auch hier verstossen hast; wenn du mein Liebster gen Himmel fahren wirst, dann will ich dir mein Herz in den Händen entgegenbringen. Du wirst mich dann in Liebe glühend umarmen und ich werde dich zum Allmächtigen führen. Und wenn der Herr unsere Liebe sieht, wird er aus unseren beiden Herzen eins machen und wir werden im Glanze des Paradieses selig sein." Darum will die Geliebte auch gern in der Nähe ihres Bräutigams begraben sein.

Toscana: Schmückt mich mit Blumen, wenn ich sterbe;
Nicht in der Erde macht mir das Grab.
Bettet mich an der Mauer drüben,
Wo ich so oft dich gesehen hab'.
Um's Grab mögen Wellen und Winde weben,
Ist's nur durch dich, dann lass ich gern mein Leben.
Um's Grab mögen Wellen und Winde werben,
Kann ich für dich doch nur aus Liebe sterben. ·

(Tigri. 1145.)

*　　*　　*

Toscana: Wie oft bin ich unter dein Fenster gekommen,
Und habe seufzend dich gerufen!
So nimm den Dolch und lass mich sterben,
Mach mir das Grab an deiner Treppe Stufen.
So nimm den Dolch, den Tod gib mir,
Und grabe mein Grab vor deiner Thür.
Mische mir Gift, ich nehme es ein;
Mein Grab wird in deinem Busen sein.

(Tigri. 1146.)

Und die Zeit kommt bald, an welche die Verlassene so oft gemahnt hat. Sie ruht schon draussen unter dunklen Cypressen und der Abendwind spielt mit den Blumen auf ihrem Grabe. Aber der treulose Geliebte hat keine Ruhe.

Toscana: Dem Mond gleich wandl' ich durch die Nacht,
Möcht' von dem Herzlieb Kunde haben.
Ich traf den Tod, der hat mich bitter ausgelacht:
„Lass ab vom Suchen, ich hab' sie begraben!"

(Tigri. 1112.)

Nun geht er hinaus zum Friedhof und richtet seine Seufzer an den Blumenhügel des Grabes:

Toscana: O theure Scholle!
O Land, das du mein Liebchen aufgenommen,
Wann ist mein Leben aus, das qualenvolle?
In dir zu ruhn, bin ich gekommen.
Wo sie dein liebes Herz begraben,
Mein Lieb, da will ich auch die Ruhstatt haben.
Dort will ich bleiben wo du ruhst mein Herz,
Denn ohne dich ertrag' ich nicht den Schmerz.

(Tigri. 1150.)

*   *   *

Es sei hier gleich noch ein Lied angeführt, das seinem Inhalt nach hierher gehört, auf das wir aber später noch einmal zurückkommen müssen:

Napoli: Du dunkles Fenster, hell in frühern Tagen,
Soll ich von dir die Trauerkunde haben?
An's Fenster tritt die Schwester, mir zu sagen:
Dein Lieb' ist todt, man hat sie längst begraben.
Sie weinte stets allein in ihrem Bette;
Nun ist bei Todten ihre Ruhestätte.

O theure Schwester, welche Trauerkunde!
O theure Schwester, was ihr mir verkündet! —
Gen Himmel schau', glaubst du nicht meinem Munde,
Zur Trauer sind die Sterne selbst verbündet!
Dein Lieb ist todt, nun gehe hin und klage;
O Weh, dass Wahrheit ist, was ich dir sage!

Zur Kirche eile, geh' und sieh' sie liegen,
Den Sarg eröffne in der Todtenkammer.
Der Mund, dem Blumendüfte einst entstiegen,
Jetzt ist er Heim der Würmer, o welch' Jammer!
Herr Pfarrer, lasst zum Hüter euch ernennen,
Habt Acht, dass stets am Grab die Kerzen brennen.

Herzlieb, an deinem Sarge muss ich stehen,
Die Augen schlossest du und siehst mich nimmer.
Und muss im Tode dich so schön noch sehen;
Unendlich liebt' ich dich, lieb' dich noch immer.
Dass mich der Tod vom Leben auch befreite,
Und ich im Grabe schlief' an deiner Seite.

Ade, lieb' Fenster! Oeffne dich nicht wieder!
Mein Lieb wird nimmermehr vor dir erscheinen.
Nie wandl' ich mehr die Strasse auf und nieder
Zum Friedhof will ich gehn, um dort zu weinen.
Und wenn die Nacht vom Himmel wird verschwinden
Entsendet mich der Tod, dich, Lieb, zu finden*).

(Comparetti. III. S. 254.)

Mit dem Tode der Geliebten sind wir eigentlich
am Ende des Liebeslebens angelangt und wir müssten
hier unsere Betrachtungen über das italienische Liebes-

---

*) Es ist unmöglich, die Zartheit des Originals in der Ueber-
setzung wiederzugeben; wir setzen dasselbe daher in den Anhang.

lied schliessen, wenn die Liebe nicht auch zu einem glücklichen Ende führte. Bevor wir aber zu jener lachenden Seite des Liebeslebens übergehen, sei es noch verstattet, einen kurzen Blick über Italiens Grenzen hinaus zu thun.

Der zuletzt angeführten napoletanischen Todtenklage weiss ich nur ein armenisches Grablied an die Seite zu stellen, das den Schmerz der durch den Tod zerrissenen Liebe in gleich ergreifender Weise schildert. Das Lied möge hier zur Vergleichung folgen:

> Zu deinem Grabe bin ich gegangen,
> Mein Auge wandt' ich dem Grabsteine zu.
> O, dass es sich aufthue, mich zu empfangen
> An deiner Seite zur ewigen Ruh.
>
> Dass ich mein welkendes Haupt der Erde
> Hingebe, und meine Seele dir.
> Dass ich verwese, zu Asche werde,
> Um Ruhe zu finden, Ruhe bei dir.
>
> Geh' ich in's Haus, da seh' ich die Wände,
> Tret' ich hinaus, — die Berge stehn. —
> Glühend zittert's durch Kopf und Hände,
> Kalt aber fühl' ich's mein Herz durchwehn.
>
> Erloschen ist meiner Augen Feuer,
> Der Tag meines Lebens verdunkelt mir.
> Was glaubtest du mir auf Erden noch theuer,
> Da du mich hier liessest, — nicht mitnahmst zu dir?
>
> Ein Schatten schwank' ich umher, — geschlagen
> Ist meine Kraft und der männliche Muth.
> Mir blieb nur die Stimme, mein Unglück zu klagen
> Und das Auge zu bittrer Thränenfluth.
>
> Lass mich, o lass mich der Erde entfliehen!
> Es schlottert mein Knie, meine Wange ist bleich!
> Wohin auch die dunklen Gewalten mich ziehen,
> Ich finde dich wieder im Schattenreich!

Dir Weihrauch und Licht hab' ich angezündet, ·
Lass betend auf deinem Grabe mich knie'n. —
O könnte dem Dampf gleich, der wirbelnd entschwindet,
Auch meine Seele nach oben ziehn!

Was hab' ich noch Augen, mein Unglück zu sehen,
Was eine Stimme, die jammernd dich ruft. —
Kannst du doch nimmer mein Klagen verstehen,
Hörst nicht mehr den Laut in der schaurigen Gruft.

(Bodenstedt.)

Wenn wir mit einem Wort das deutsche Volkslied berühren, dessen Thema das Trennungslied, das
Scheiden und Meiden ist, so muss darauf hingewiesen
werden, dass diese Lieder mit Vorliebe bei dem
früher genossenen Glück verweilen, und die Treue
betonen, die einzig und allein wieder zu demselben
hinüberführen kann.

Aus ist das Liedchen!
Wär' ich beim Liebchen!
Wenn ich schon nicht bei ihm bin,
Steht doch mein Sinn dahin.

Hab' oft manche Nacht
Bei meinem Schätzlein zubracht,
Aber jetzt eine Weil herein
Kann's nimmermehr sein!

Wenn's wiederum kann sein,
Bei Mond und bei Schein,
Bei Tag und bei Nacht,
Herztausender Schatz.

Wenn es im deutschen Liebesliede heisst:

Kein Feuer, keine Kohle kann brennen so heiss,
Als heimliche Liebe, von der Niemand nichts weiss.
Setze du mir einen Spiegel in's Herze hinein,
Damit du kannst sehen, wie treu ich es mein'.

so wird bei der Trennung ein grosses Gewicht auf
die Treue gelegt. „Die Gewissheit, dass du mein
bist, lässt mich Alles ertragen, was mir sonst Schmerz

bereiten, könnte". Im deutschen Liebesliede steht
an Stelle der Eifersucht bei den Italienern der Glaube.

> Da drüb'n an jener Linden
> Da liegt ein breiter Stein,
> Darauf da steht's geschrieben,
> Du sollst keine andre lieben
> Als nur wie mich allein.
>
> Da kam das kleine Waldvögelein
> Und sang das Liedelein.
> Begraben must du werden
> Wohl in die grüne Erden
> Vor lauter Liebestreu.

*   *   *

Liebe und Treue sind im deutschen Liede fast
eins. Wer wahrhaft liebt, kann nimmer treulos sein;
es ist ihm unmöglich, denn

> Das Feuer kann man löschen,
> Die Liebe nicht vergessen.
> Das Feuer brennt so sehr,
> Die Liebe noch vielmehr.

Aber in welchem Lande wäre es nicht möglich,
dass der Liebende Nebenbuhler fände! Auch der
Deutsche warnt vor der Versuchung, die von dieser
Seite droht, aber in dem festen Bewusstsein, dass es
eigentlich dieser Warnung gar nicht bedürfe.

> Herzchen, mein Schätzchen, bist tausendmal mein,
> Lass dir kein'n andern nicht lieber sein!
> Kommt dir gleich einer, ist schöner als ich,
> Herzchen, mein Schätzchen, gedenke an mich.

*   *   *

> Sei weis', lass dich nicht affen,
> Der Kläffer seynd so viel,
> Halt dich gen mir rechtschaffen,
> Treulich dich warnen will;
> Hüt' dich vor falschen Zungen
> Darauf sei wohl bedacht.

Wenn der Tod die Liebe scheidet, so spiegelt sich in dem Klageliede des Hinterbliebenen nicht jene Leidenschaft und jene verzehrende Gluth, die uns das italienische Lied enthüllte, sondern eine stille Ergebung in ein höheres Walten.

> Und der uns scheidet, das ist der Tod, Ade!
> Er scheidet so manch jung Mägdlein roth, Ade!
> Er scheidet so manchen Mann vom Weib,
> Die konnten sich machen viel Zeitvertreib.

Und in der That trennt ja auch der Tod nur die Liebenden, aber er löst die Liebe nicht auf.

> O du Tod, du bittres Kraut,
> Hatt' ich dir's wohl zugetraut?
> Dass du mir mein Schatz wegnimmst,
> Und mein Herz so sehr beklemmst.
>
> Stürbest du, so sterb' auch ich,
> Sterben wir beide seliglich.
> In das Grab senkt man uns ein,
> Weil wir zwei Brautleute sein.
>
> Auf unserm Grab, da steht ein Stein,
> Drauf wächst ein rosenroth Blümelein.
> Das Blümelein ist rosenroth,
> Denn ich liebe dich bis in den Tod.

In den slavischen Volksliedern spielt auch hier, wie wir schon einmal zu erwähnen Gelegenheit hatten, die Natur in ihrem ganzen Umfang eine hervorragende Rolle. In einem serbischen Abschiedsliede heisst es:

> Drauf beim Scheiden sprach das andre Liebchen:
> „Und du Seele, geh' zurück ein wenig!
> Einen grünen Wald wirst dort du finden,
> Steht im Wald ein Born mit kühlem Wasser,
> Und im Borne liegt ein Stein von Marmor,
> Auf dem Steine steht ein goldner Becher,
> Aber in dem Becher liegt ein Schneeball!

Liebchen! Nimm heraus dir jenen Schneeball!
Leg' ihn auf dein Herz in deinem Busen!
Siehe, also wie der Schneeball schmilzet,
Also schmilzt um dich mein armes Herz hin!　　　(Talvj.)

Ja, wenn die Liebenden schon beide gestorben und im gemeinsamen Grabe bestattet worden sind, wåchsen aus dem Grabe Pflanzen, die sich in einander verschlingen, als Symbol ewig dauernder Liebe.

Wenig Monden und des Liebsten Grabe,
Sieh', entsprosste eine grüne Kiefer;
Und des Liebchens eine rothe Rose.
Um die Kiefer windet sich die Rose,
Wie die Seide um den Strauss sich windet.　　　(Talvj.)

In den italienischen Liebesliedern spielt die Mutter der Geliebten eine ganz bedeutende Rolle, denn es handelt sich vor allen Dingen darum, dass sie in die Liebschaft willige. Der Zweifel über ihre Zu- oder Abneigung hat in der italienischen Volkspoesie daher eine Masse von Liedern in's Leben gerufen. Ueber diese Frage hinaus geschieht der Mutter, sowie der Eltern und Geschwister der Braut oder des Bräutigams selten Erwähnung. In den slavischen Volksliedern hingegen begegnen wir den verschiedenen Familienmitgliedern sehr häufig. Es will uns fast scheinen, dass das enge Zusammenleben mit den näheren Verwandten in demselben Hause und in derselben Familie alle Familienmitglieder so fest mit einander verknüpft, dass der liebende Jüngling oder das liebende Mädchen selbst in einer so absoluten Herzenssache als die Liebe ist, doch nichts ohne Willen und Rath des Vaters und der Mutter thut. Ja, die Mutter weiss nach dem Volksliede gewöhnlich früher um die Herzensverfassung der Tochter, als der Geliebte selbst. — Wenn wir nun noch einmal einen kurzen Blick auf unsere bisherigen Ausführungen werfen, so kommen wir zu einem Schluss, den wir auch später noch an verschiedenen Stellen machen dürfen, dass nämlich bei den romanischen Völkern und vorzugsweise bei dem italienischen Volk die Liebe und alle ihre Aeusserungen ihre Grundlage in erster Linie auf der Sinnlichkeit haben, bei den Germanen und Slaven aber in der Harmonie der Herzen und Gemüther. Dort beherrscht alles der Zauber und die Schönheit der Gestalt, hier alles die Tiefe und Wärme des Gefühls. Wo die leidenschaftliche Liebe des Italieners in Anbetung und Vergötterung versinkt, zieht sich durch jene der Geist der Treue und stillen Ergebung. Wo jene nur schöne Augen, rosige Lippen, braune Wangen, schwarzes Haar und den stolzen Gang zu rühmen weiss, hinter denen wir wohl ein Herz ahnen, weiss diese nur von Minnen und Sinnen, von Sehnsucht, von Herz, Gemüth, Glaube und Vertrauen zu singen. Die plastische Schönheit, die das Thema der italienischen Liebeslieder ist, zeigt sich auch in der dichterischen Form und in der Exposition des Gedankens; wir werden auf diesen Punkt noch einmal zurückkommen. In den germanischen und slavischen Volksliedern wird die Form auf Kosten des Gedankens oft vernachlässigt.

V.

Hochzeitslieder.

Die Jugend und die schöne Liebe, Alles hat sein Ende, und es kommt eine Zeit, wo man Gott dankt, wenn man irgendwo unterkriechen kann."*)

Mit der Ehe leitet die Liebe wieder auf das Gebiet der Prosa über. Sie ist der Hochsommer des Lebensjahres. Die Blüthen, welche im Liebesfrühling in unendlicher Schönheit und unabsehbarer Menge von der Sonne aus dem Boden geküsst werden, verwelken allgemach, die Nachtigallen im Haine verstummen, das Leben gestaltet sich ernster und einförmiger und mahnt, sich zur Ernte zu rüsten. Jedermann weiss: „mit dem Gürtel, mit dem Schleier reisst der holde Wahn entzwei." Die Entnüchterung muss eintreten; und wenn auch die Liebe nicht verloren geht, so verschwindet doch alle ihr anhaftende Leidenschaftlichkeit. Die früher aufgeregte Phantasie beruhigt sich, und das Leben lenkt

*) Göthe, Egmont.

wieder in einförmige und stille Bahnen über. An die Stelle der Lebenslust tritt jetzt die Lebensarbeit, die Sorge für die Familie und deren Zukunft, und wenn auch die Lebensfreude nicht unter den Sorgen erstickt, so gewinnt doch der nüchterne Verstand allmälig das Uebergewicht über das leidenschaftlich erregte Gemüth.

Aber der Hochzeitstag bezeichnet doch in gewisser Weise den Höhepunkt des ganzen Liebeslebens, und bis zu ihm verstummt des Sängers Mund nicht, wenn auch seine Lieder seltener und weniger leidenschaftlich werden.

Das Verhältniss von Liebe und Ehe zu einander hat sehr verschiedene Auffassungen erfahren. Während die Einen die Ehe das Grab der Liebe nennen, — während Byron sagt: „Die Ehe entsteht aus der Liebe, wie der Essig aus dem Wein", vertritt das italienische Volkslied eine ganz andere Ansicht. In einem Liede aus Partinico in Sicilien heisst es:

> Auf den Sturm folgt Meeresstille,
> Freude folgt auf Schmerz und Wehe.
> Auf die Arbeit folgen Feste,
> Auf die Liebe folgt die Ehe. (Vigo 2156.)

Hier erscheint die Ehe als die Erlösung aus der Zeit des Harrens und Bangens, als die Krone der Liebe. Und diese Auffassung ist unserer Ansicht nach die natürliche. Sie sieht die Liebe als Lebensaufgabe und nicht als blosse Spielerei an; sie kann nur da vertreten sein, wo das Leben sich naturgemäss gestaltet und entfaltet.

Die italienischen Hochzeitslieder schliessen sich in ihren Themata allen vorher betrachteten an; nur tritt in ihnen an Stelle der Unruhe und Ungewissheit, die wir in den früheren Gesängen oft genug vorfanden die Ruhe der Gewissheit des festen Besitzes der Geliebten. Hier und da wird auch Rücksicht auf die Hochzeitsgebräuche genommen, die natürlich je nach den verschiedenen Provinzen Italiens von einander abweichen.

In Neapel und einem grossen Theile Süditaliens ist es Sitte, das Brautpaar mit Confect zu bewerfen, sobald es aus der Thür der Kirche tritt. Auch auf den Strassen ist es noch oft diesem Bonbonregen ausgesetzt. Nach der Einsegnung des Brautpaares in der Kirche wird gewöhnlich eine Fahrt durch die Stadt gemacht. Die Pferde sind mit kleinen Glöckchen und Pelzwerk behangen, mit Federn und Blumen geschmückt, und der Wagen gewöhnlich mit Personen vollgepfropft. Die Braut und namentlich auch die weiblichen Hochzeitsgäste tragen all ihren Schmuck zur Schau. Da erscheint die Neuvermählte in all dem Schmuck, den ihr der Bräutigam nach der Landessitte schenken musste. Zu dieser Ausstattung gehören vor allen Dingen goldene Ohrgehänge, goldene Ringe und Armbänder und womöglich auch eine Uhr mit goldener Kette. Jedenfalls sind die Geschenke an Goldsachen der Braut die angenehmsten. Man kann nicht selten Bräute sehen, deren Finger mit allen möglichen Arten von Ringen ganz bedeckt sind. Während der Fahrt werden von dem Brautpaar und den Hochzeitsgästen „confetti" unter das Volk gestreut, und

die Wagen sind daher fast regelmässig von einem
Schwarm von Jungen umringt, die alle ihre Kräfte
anspannen, um dem schnell dahineilenden Gefährt
zu folgen. Die Sitte, confetti auszutheilen, die sich
übrigens auch bei Leichenbegängnissen findet —
jedenfalls sucht man sich durch diese Gabe auch alle
nicht zur Hochzeit geladenen Personen geneigt zu
machen, und bei den Begräbnissen zum Gebete für
die Verstorbenen aufzufordern, — ist so unerlässlich,
dass der Ausdruck „mangiare i confetti" geradezu
die Bedeutung von „sich verheirathen" angenommen hat.

Das Volkslied weiss natürlich hier auch wieder
die Braut in der reichsten Weise zu verherrlichen.
„Dreizehn Grafen", so heisst es in einem Liede aus
Alimena „führten dich zur Kirche, vierzehn Barone
begleiteten dich, fünfzehn Kardinäle vollzogen die
Trauung, achtzehn begleiteten dich aus der Kirche.
Es lachte der Himmel, die Vöglein sangen und freuten
sich über den herrlichen Schatz." In einem Liede
aus Francavilla heisst es: „Ein Schiff aus Seide
möchte ich bauen, ganz mit Gold wollte ich es
verzieren und hinein will ich die Braut und den
Bräutigam setzen."

Aber die Stimme der Eifersucht fehlt auch bei
der Hochzeit nicht. Der Jüngling hat das Mädchen
eines Andern zum Altar geführt. Jener hatte schon
alle seine Schmerzen vergessen, aber am Tage der
Hochzeit brechen die alten Wunden wieder auf, und
der Verlassene hebt an zu klagen: „Jetzt mache die
Rechnung, ob ich nicht gern für dich gestorben
wäre, ich, der ich gezwungen wurde, dich zu ver-

lassen. Und du, grausames Weib, was dachtest du dir dabei, du warst meine Braut und liebtest einen Anderen. Sage mir, wo liest man davon und wo steht es geschrieben, dass man mit zwei Steuern ein Schiff lenken könne? Als ich deine Bosheit entdeckte, da sprach ich zu mir: „Sie ist nicht für mich bestimmt und ich fand Ruhe."

Die italienische Volksliederliteratur ist lange nicht so reich an Hochzeitsgesängen, als die serbische und neugriechische. Bei den Serben und Neugriechen haben sich auch die Hochzeitsgebräuche viel origineller und reiner erhalten, als in irgend einer italienischen Provinz, Calabrien und Sardinien nicht ausgenommen. Einige sehr interessante und bis dahin noch nicht publicirte Hochzeitslieder hat Jeannaraki in seinen kretischen Volksliedern veröffentlicht. Wir sehen da, wie am Hochzeitstage selbst, die Geschenke des Bräutigams und der Oheime von Versen begleitet werden. In Italien kennt man noch etwas Aehnliches in Calabrien und Apulien, sowie auf Sardinien. Wo aber ein regerer Verkehr herrscht, wo das Volk schon unter dem Einfluss der grossen Städte steht, verschwinden die uralten Sitten von Jahr zu Jahr mehr, oder ziehen sich aus der Oeffentlichkeit in das Haus zurück [14].

Zum Schluss dieser Betrachtungen über das italienische Liebeslied sei noch eines Liedchens gedacht, das in mannigfachen Variationen in ganz Italien gesungen wird, und uns zeigt, wie der Italiener trotz aller in den Liedern vorherrschenden leidenschaftlichen Herzensergüsse doch auch ein offenes Auge für die praktische Seite der Liebe hat. Wir werden im Anhang noch einige dieser Lieder im Original anführen.

Neapel: Hör', wenn du freien willst, nimm dir die Schöne,
Doch ja so schön nicht, dass sie dich schrecket.
Nein, nimm sie lieber dir ein wenig fügsam;
Hoch um den Gürtel, ja recht schlank gebunden! —
Denn, hast ein Röckchen du ihr zu schaffen,
Ersparst du viel an Nähen, Seid' und Futter.
Und gehst du dann zu ihr, sie zu umarmen:
Umarmt sie sich, als wär's ein Strauss von Blumen.

(Kopisch.)

VI.

Wiegenlieder und Kinderreime.

Ninne-Nanne nennt man im Italienischen die Wiegenlieder. Mit nonna, nonno oder nanna bezeichnet man den Schlaf der Kinder, und die Mutter oder Amme ruft dem kleinen Schreihals in der Wiege zu: fa nó nó. Vielleicht entstand das Wort aus einer Corruption von Sonno (Schlaf) oder suonno (dialectisch), mit dem viele dieser kleinen Lieder anfangen. Ein Lied aus Avellino beginnt folgendermassen:

> Suonno, suonno, e suonno suonno, dico,
> Quanto ti faccio te lo benedico.

In andern Liedern wird der Schlaf (sonno) noch nach antiker Anschauung als Gott angerufen.

> Suonno, suonno, chi vai e vieni da lo monte
> Co' 'na palluccia d'oro e dàlli' 'nfronte.

oder:

> Suonno, suonno, vieni ca ti canto
> Come a la messa de tutti li santi.

* * *

Suonno, suonno, vieni ca t'aspetto
Come Maria aspettava San Giuseppe.

*   * *

Suonno, suonno, vieni ca' mo viene
Vene 'na varca carrica de bene.   (Avellino.)

*   *

In Sicilien findet sich diese directe Anrufung des personificirten Schlafs auch, aber daneben tritt hier das „Schlaf, Kindlein, schlaf," des deutschen Volksliedes in den Vordergrund.

Suonnu, sunnuzzu, chi va' firiannu?
Li picciriddi vaju addurmintannu.
Suonnu, veni di luntanu,
Annumiscitila, Sammastianu   (Noto.)

*   *

E a-la-vò, li galeri junceru
E sunnu junti ddocu a lu Molu.   (Palermo.)

*   *

E a-la-vò sunnuzzu viniti,
E a me figghiu m'addurmisciti.   (Marsala.)

Die venetianischen Wiegenlieder beginnen in wieder etwas verschiedener Variation gewöhnlich mit dem Ausdruck: fame la nana, z. B.

Fame la nana e ni-na-na de longo
Sera i to oceti e fame un sono longo.
                                            (Bernoni VIII. 2.)

*   *

E nina, nana, e ni-nana, ni-nana,
A meza note sona sta campana.
                                            (Bernoni VIII. 6.)

*   *

Kindlich, wie die Form und der Ausdruck dieser Lieder, ist natürlich hier wie überall auch ihr Inhalt. Wir würden dieselben ganz übergangen haben, wenn nicht doch noch einmal hin und wieder ein poetischer Nachklang aus einer schöneren Zeit in ihnen verhallte, wenn wir sie nicht manchmal als das letzte, am Horizont verschwindende Wetterleuchten eines vorübergegangenen Gewitters anzusehen hätten. Erinnerungen an den Vater mischen sich mit Gebeten an die Madonna und die Heiligen, und die eigene Freude der Mutter äussert sich in zarten Liebkosungen.

Venezia: Schlaf' mein Kindchen und schlafe lange,
Schliesse die Aeuglein und schlafe lange.
Schlafe, ja schlafe die ganze Nacht,
Bis dir zur Freude der Morgen lacht.
Gott gebe Glück dir und gebe Vergnügen,
Die dich gebar hält Wacht an der Wiegen.
An der Wiege steht sie und singt und wiegt,
Bis mein Kindchen in süssem Schlummer liegt.
Und muss ich, mein Herzchen, von dir gehen
Wird Gott zur Wacht an der Wiege stehen.

(Bernoni. VIII. 2.)

Im Ganzen steckt in diesen Liedern wenig Poesie und in keinem Zweige der Volksliederliteratur bleibt der Improvisation ein solcher Spielraum. Die Mutter reimt an der Wiege gerade das zusammen, was ihr zufällig in den Sinn kommt und erfindet zu den einfachen Worten auch die ungekünstelte Melodie, die sich gewöhnlich in lang ausgehaltenen, klagenden Molltönen bewegt. Viele der in den Sammlungen aufgezeichneten Lieder sind als glückliche Improvisationen anzusehen, die nur dadurch in weiteren

Kreisen bekannt wurden, dass der Sammler sie zufällig gleich aufzeichnete.

Wir können über diese Lieder von so vorübergehender Bedeutung nun gleich zu einer anderen Klasse hinweggehen, die das kindliche, ja oft kindische Wesen und Treiben noch viel schärfer und origineller zum Ausdruck bringen: — wir meinen die Kinderlieder und Spielreime.

Ein Reisender — dessen Name mir leider entfallen ist, bemerkt einmal sehr treffend von den chinesischen Kindern, dass sie in ihren Spielen, in ihrem Wesen und in ihren Neigungen und Launen den Kindern der gebildeten europäischen Nationen so nahe ständen, dass man es kaum begreifen könne, wie sich später die grossen Unterschiede zwischen diesen soweit von einander entfernt wohnenden Völkern herausbilden könnten. Die Kinder stehen der Natur noch näher als der gereifte, gebildete Mensch, bei ihnen waltet der physische Mensch noch über dem geistigen, daher die grosse Uebereinstimmung in den Sitten der Kinder. L. Vigo sagt in der Anmerkung zu diesen Kinderreimen (Canti popol. sicil., S. 405) sie seien der wahre Ariadnefaden, der nächst der Sprache am sichersten durch das Labyrinth der Völker führe und Licht in ihre verschiedenen Verzweigungen und ihre Verwandtschaftsverhältnisse bringe. Dieser Ansicht wird man kaum beistimmen können, wenn man bedenkt, dass diese Lieder zum grössten Theil auch von Kindern selbst herrühren, also von Menschen, die unter allen Himmelsstrichen und unter allen Culturverhältnissen

doch immer auf einer ziemlich gleichen Bildungsstufe
stehen, in der das dem Menschen angeborene physische Können und Vermögen, seine Naturanlage
mit einem Wort noch bei weitem mächtiger ist, als
das durch Bildung geweckte Denken. Diese Reime
sind ohne Gesang und Spiel fast gar nicht denkbar
und doch steht ihr Inhalt zu dem Spiel meistens
in gar keiner Beziehung. Das Kind ist zufrieden,
wenn es nur Worte hört, ohne sich gerade etwas
dabei zu denken. Ich will hier zunächst an einige
deutsche Reimereien und Spiele dieser Art erinnern,
die mir aus meiner Knabenzeit noch bekannt sind.

Wenn sich die Kinder greifen oder verstecken,
so pflegen sie sich entweder im Kreise oder paar-
weise aufzustellen, um durch „Abzählen" den aus-
findig zu machen, der zuerst die andern greifen
muss. Die letzte Silbe des Reims zeigt das Kind
an, welches die andern zu suchen oder zu greifen
hat, und es muss dies so lange thun, bis es ein
anderes Kind mit der Hand berührt. Auf jedes
Kind kommt beim Abzählen eine Silbe, und die erste
Silbe fällt gewöhnlich auf den, der das Abzählen
übernimmt. Hier sind einige dieser Reime:

> Eins, zwei, drei,
> Picke, packe, pei,
> Picke, packe Hawerstroh
> Eins, zwei, drei.

* * *

> Eene, beene, Mann
> Kaffe in de Kann,
> Käs' in de Kiep,
> Du musst. griep.

* * *

Ene, bene, Dintenfass,
Geh nach d' Schul und lerne was.

Lerne, was dein Vater sagt,
Dein Vater ist ein Pfeiffer,
Pfeift alle Morgen,
Klingt wie die Orgel.
Steht ein Mädchen an der Wand
Hat 'nen rothen Apfel in der Hand,
Wollt' ihn gerne essen,
Hat kein Messer,
Fiel das Messer von oben herab,
Fiel dem Kind das Beinchen ab.
Isen, de bisen, de buff, de baff, de aff.

* * *

Eins, zwei, drei,
Piepen, pappen, pei,
Piepen pappen, Hasenbrod,
Dreissig Kinder waren todt.
Einen Schlag untern Tisch,
Kam die Katze mit dem Fisch,
Kam der Reiter mit der Peitsche,
Schlug dem Kätzchen um die Schnauze.
Murre, murre mau,
Da kam die junge Frau
Mit einem Glas Bier,
Hier sauf' aus,
Ich oder du musst raus.

* * *

Eins, zwei, drei, vier,
Wer klopft an meine Thür? —
Ein junger Offizier.
Was will er den von mir? —
Ein Körbchen voll Nelken,
Die niemals verwelken.

* * *

1, 2, 3, 4, 5, 6, 7, 8, 9,
Wie hoch steht die Scheun,
Wie hoch steht das Haus?
Es geh'n drei Jungfern heraus,

Die erste spinnt Seide,
Die zweite kocht Kreide,
Die dritte näht Hemden,
Mir eins, dir eins,
Schulten schwarzem Köter keins.

* * *

Eine historische Erinnerung hat sich in dem folgenden Reim erhalten:

1, 2, 3, 4, 5, 6, 7, 8, 9, 10, 11, 12, 13, 14, 15, 16, 17, 18, 19, 20,
Die Franzosen gingen nach Danzig,
Danzig fing an zu brennen,
Die Franzosen kriegten das Rennen,
Sie rannten ohne Strümpf und Schuh
Immerfort nach Frankreich zu.

* * *

Einen ganz ähnlichen Reim, wie den folgenden, werden wir später auch in Italien antreffen.

1, 2, 3, 4, 5, 6, 7, 8, 9,
Was liegt in der Scheun? —
In der Scheun' liegt Heu,
Das Heu giebt man der Kuh,
Die Kuh gibt uns Milch,
Die Milch gibt man der Katze,
Die Katze greift uns Mäuse,
Die Mäuse verkauft man dem Gärtner,
Der Gärtner gibt uns Geld,
Das Geld gibt man dem Müller,
Der Müller mahlt uns Mehl,
Das Mehl gibt man dem Bäcker,
Der Bäcker bäckt uns Brod,
Das Brod gibt man den Hühnern,
Die Hühner legen uns Eier,
Die Eier verkauf' ich,
Das Geld versauf' ich,

* * *

Auch von den Spielen wollen wir beispielsweise einige anführen. Alle Kinder fassen sich an und tanzen im Kreise herum. In der Mitte des Kreises sitzt ein Kind und nimmt sich den Rock über den Kopf. Ausserhalb des Kreises geht ein Kind herum und singt:

> Laterne,.Laterne!
> Wer sitzt in dieser Laterne?
> Eine schöne Jungfer. —
> Kann man nicht mehr sehen!
> Schad't nicht, brad't nicht,
> Uebermorgen stechen,
> Uebermorgen brechen.
> Der Letzte folgt mir nach!

Bei den letzten Worten schlägt der aussen Herumgehende einem Kinde auf die Schulter, das ihm folgen muss. Beide wiederholen nun das Spiel bis der ganze Kreis aufgelöst ist. Alsdann verstecken sich Alle und der in der Mitte des Kreises Sitzende hat sie zu suchen.

Ein anderes Spiel ist das folgende:

Ein Kind steht in der Mitte eines Kreises von Tanzenden, die singen:

> Es fuhr ein Bauer in's Holz (bis)
> Es fuhr ein Bauer in's Kürbisholz
> O heissa, vivat, juchhe Kürbisholz,
> Es fuhr ein Bauer in's Holz.
> Der Bauer nahm sich eine Frau (bis)
> Der Bauer nahm sich eine Kürbisfrau,
> Juchheissa, vivat, Kürbisfrau
> Der Bauer nahm sich eine Frau.

Der in der Mitte des Kreises stehende Bauer wählt sich eine Frau. Dann singen alle wieder:

Die Frau nahm sich ein Kind (bis)
Die Frau nahm sich etc.

Der Bauer wählt sich ein Kind, das mit in die Mitte des Kreises tritt.

Das Kind nimmt sich 'ne Magd. (bis) etc.

Die Magd wird gewählt.

Die Magd nahm sich 'nen Knecht (bis) etc.

Es folgt die Knechtwahl.

Der Knecht schied von der Magd (bis) etc.

Von nun an treten wieder alle in den Kreis der Tanzenden zurück.

Man gibt dem Bauer die Ehr (bis)
Man gibt dem Bauer die Kürbisehr etc.

Gegen den Bauer wird eine Verbeugung gemacht.

Man gibt dem Bauer 'nen Stoss (bis) etc.

Alle stossen ihn.

Man putzt dem Bauer die Schuh. (bis.) etc.

Alle kratzen des Bauern Schuhe mit den Füssen.

Man ziept dem Bauer das Haar (bis) etc.

Alle ziehen und raufen dem Bauern das Haar. —

Zunächst folgen hier einige italienische Kinderreime.

Napoli: Morgen ist's Festtag,
Da essen wir eine Suppe. —
Die Suppe ist nicht gekocht!
— Dann essen wir Quark!
Der Quark ist nicht frisch! —
Dann essen wir Meerrettigwurzeln!
— Die Wurzeln sind nicht geschnitten!
Dann essen wir einen Salat! —
Am Salat ist kein Oel!

Dann rufen wir den Meister Mischmasch!
Meister Mischmasch ging zur Messe,
Mit vier Prinzessinnen,
Mit vier Mähren!
— Kuhmaul! Eselsmaul!   (Comparetti III. 378.)

*
*   *

Hopp, hopp, hopp,
Die Frauen von Gaeta,
Gaeta's schöne Frauen
Sie spinnen die Seide;
Sie spinnen Seide und Baumwolle;
Gib mir einen süssen Kuss.
Einen Kuss, der mir gefällt
Und auch diesen hier einen auf den Mund.
                        (Comparetti III. 304.)

Hierher gehören auch gewisse Reime, die schwer
auszusprechende Worte in sich vereinigen und als
Probe für die Zungenfertigkeit angesehen werden
können. Von diesen Reimen sei nur einer und zwar
im Original angeführt.

La princepessa
De Minemenessa,
Venette a Napole pe' senti' messa,
Sse votaje Napole e Minemenessa,
Ca no' nce stanno messe
A Minemenessa,
Ca'a princepessa
De Minemenessa
Va a Napole pe' senti' messa.
                        (Comparetti III. 188.)

Ein anderes Kinderlied, das in seinem Aufbau
einem der vorher angeführten deutschen Lieder sehr
ähnlich ist, ist folgendes:

Eins, zwei, drei,
Der Papst ist nicht König,
Der König ist nicht Papst.

Die Wespe ist nicht Biene,
Die Biene ist keine Wespe,
Die Elsbeeren sind keine Mispeln,
Die Mispeln sind keine Elsbeeren etc. etc.

Endlich wollen wir noch kurz auf einige Spiele eingehen, bei denen das Absingen von Reimen auch bei italienischen Kindern Sitte ist. Einer Gruppe von Knaben stehen zwei einzelne Knaben gegenüber, die sich mit der rechten Hand gegenseitig halten. Die rechten Arme sind vorläufig heruntergestreckt. Der erste Knabe der Gruppe singt nun:

Thor, du kleiner Thor,
Oeffnet mir dieses Thor!

Auf diese Anrede halten jene beiden die Arme empor, so dass sie ein Thor bilden und singen dabei:

Das Thor ist offen,
Wer will hindurchgehen?

Der erste aus der Gruppe erwidert:

Ich habe Furcht
Vor den Räubern,
Dass sie mir
Meine Kinder nehmen.

Dann stürzt er sich in das Thor und alle übrigen folgen ihm. Der letzte der Gruppe wird von jenen beiden unter Absingung der Schlussverse

Deine Kinderchen sind geraubt
Du bist betrogen und geschlagen.

gefangen genommen und mit irgend einer vorher abgemachten Strafe bestraft.

Ein anderes Spiel.

Ein Knabe steht auf der Erde und hat einen anderen, der höher als er selbst steht, bei der Hand gefasst. Der unten Stehende singt nun:

> Springe, springe,
> Maria, Elisabeth
> Hält dich an einem Finger
> Und trägt dich in's Paradies.

Bei dem letzten Verse springt der oben Stehende auf die Schultern des anderen und lässt sich von ihm forttragen.

Wir würden mit der Aufzählung dieser Spiele kaum zu Ende kommen, und ein genaueres Eingehen auf dieselben würde auch über unsern Zweck hinausgehen. Wer sich für dies Gebiet speciell interessirt sei hier wenigstens auf zwei Bücher aufmerksam gemacht, die diesen Stoff in umfangreicher Weise behandeln. Das eine ist von G. Pitré, Giocochi fanciulleschi; (in seiner Biblioteca delle Tradizione popol. Sicil.) das andere ist von Pasqu. Salv. Vigo. (Vigo kündigt dasselbe an in seinen Canti popol. sicil. S. 405 Anm.)

VII.

Epische Stoffe.

Hat Italien ein Volksepos, wie Ilias und Odysse, wie Ramajana und Mahabharata, wie die Nibelungen und den Beowulf, wie das Kalewala, wie den Cid? — Wir können diese Frage ohne weitere Erörterungen schon mit „nein“ beantworten[15].

Es gibt nur wenige Völker, die ein Volksepos besitzen; wir haben die bedeutendsten Gedichte dieser Gattung oben zusammengestellt. Die Stoffe jener Volksgesänge reichen, — das steht nach den Ergebnissen der neueren Forschung fest, — zum Theil in jene Zeit zurück, wo die indogermanischen Völker noch vereint zusammenlebten. Vor allen anderen waren es die Inder, die Griechen und Germanen, welche jene Erinnerungen aus der Urheimat, wenn auch wesentlich verblasst, so doch in ihrem gemeinsamen Ursprung kenntlich genug, bewahrten und spät nach der Trennung in nationalem Sinne weiter fortbildeten.

Die übrigen indogermanischen Völkerstämme

scheinen mit Ausnahme ganz geringer Bruchstücke
nichts von jenen grossen epischen Gemälden bewahrt
zu haben. Bei den Persern hat allerdings Firdusi
im Schahnameh die alten nationalen Heldensagen
gesammelt, und diese stimmen theilweise sicher mit
den indisch-griechisch-deutschen Ueberlieferungen
überein, aber im Ganzen betrachtet ist das Schahnameh doch ein wesentlich neues, persisches Product.
Ebenso sind bei Celten und Slaven jene alten Sagen-
stoffe verloren gegangen.

Der Schwesterstamm des griechischen, der lateinische, besass, soweit wir seine Geschichte zurück-
verfolgen können, kein bestimmt nachweisbares und
mit jenen alten Ueberlieferungen in Zusammenhang
stehendes Volksepos.

Das epische Schaffen der indogermanischen Völker hat sich nun aber keineswegs auf die Durchbildung jener Stoffe beschränkt. Schon diese Epen
selbst stehen unter einander nur nach gewissen überall
wiederkehrenden Hauptzügen und Umrissen im Zusammenhang. Das wahre Fleisch und Blut empfing
das überlieferte Gerippe von jedem Volke im Beson-
deren. Vielleicht geht der alte Sagenstoff, den wir
als gemeinsamen Kern des indischen, griechischen
und deutschen Volksepos ansehen können, auf ein
bestimmtes historisches Factum zurück. Wenigstens
sehen wir in der späteren Zeit vielfach ähnliche
Sagencomplexe sich um historische Facta gruppiren,
die sich in den Jugendperioden der einzelnen Völker
vollzogen. Ein jeder, der aus dem indogermanischen
Urvolk hervorgegangenen Volksstämme hat im An-

11*

fang seiner Geschichte, während der Epoche der
Begründung seiner Nationalität eine Zeit der Kämpfe
durchgemacht, deren Andenken nachher noch lange
von Mund zu Mund fortlebte und Dichtern und Sän-
gern reichen Stoff für poetische Schöpfungen liefern
konnte.

Von Asien kommend waren die einzelnen Stämme
in Europa eingedrungen. Hier fanden sie schon
sicher eine ältere Bevölkerung anderen Stammes vor,
oder die später Ausgewanderten stiessen auf früher aus-
gewanderte Völker des eigenen Stammes, die ihnen
durch die Länge der dazwischen liegenden Zeit schon
fremd geworden waren. Jene früheren Insassen, welche
die Griechen Pelasger, andere Völker Autochthonen
nannten, traten den Besitz ihrer Länder nicht gut-
willig an die fremden Eindringlinge ab. Im Rücken
des angreifenden Stammes drängten aber womöglich
wieder neu nachwandernde Stämme, und jeder Kampf
um neues Gebiet und neue Wohnsitze musste das
Grab der einen und die Wiege der andern von den
sich bekämpfenden Parteien werden. Kriege und
Wanderungen dauerten Jahrhunderte hindurch so lange,
bis die neuen Völker die alten entweder ausgerottet
oder sich mit ihnen vollständig amalgamirt hatten; erst
dann konnte eine neue Nationalität aufblühen. Diese
an Kämpfen und Abenteuern so reiche Periode, —
einen Abschnitt derselben kennen wir aus den Wanderungen der griechischen Stämme, einen andern
unter dem zusammenfassenden Namen der Völkerwanderung — hat manchen epischen Stoff geliefert.
Zwar kamen nicht überall so grosse Epen zur Aus-

bildung, wie bei den Völkern, welche die neuen
Abenteuer an den alten, mitgebrachten Sagenrest
knüpften, aber immerhin kamen Heldengesänge zum
Vorschein, die sich in wiederholter Durchbildung
zu nationalen Epen gestalten konnten und gestalteten.
Der fruchtbare Boden für diese Dichtungen, — daran
ist festzuhalten, — war immer die Geschichtsperiode
eines Volkes, in der es sich wandernd und kämpfend
neue, feste Wohnsitze erbeutete, eine Periode, die der
ältesten historisch bekannten jedesmal vorangeht,
die wir daher nicht aus Ueberlieferungen, sondern
nur aus Schlüssen aus Sage und Alterthümern kennen
lernen können.

Dem Kampfe der Griechen um ihre Halbinsel,
um die Asien mit Europa verkettenden Inselgrup-
pen, und um die Küste Asiens selbst, entkeimten
die beiden grossen epischen Gedichte: Ilias und
Odysse. Die Kämpfe der Kurus und Pândavas
fanden ihr Echo in dem ungeheuren Epos von dem
grossen Kampf, dem Mahabharata. Die Nibelungen
sind der poetische Nachhall der blutigen, wilden
Völkerwanderung; in der Gudrun sehen wir ein
Spiegelbild der normannischen Seeabenteuer; der
Cid entrollt uns das ganze Kampfgewühl zwischen
Christen und Mauren auf der iberischen Halbinsel.
Aus den Kämpfen der Angelsachsen und Kymren
erwuchsen die Sagen vom König Artus und vom
Beowulf.

Der lateinische Stamm hat im Alterthum gar
kein heroisches Volksepos besessen. Vielleicht ist
als Grund dafür anzunehmen, dass die italischen

einem einheitlichen Ganzen verschmolzen wurden, und nun ein grosses Bild entrollten. Diese Elemente setzt das Epos voraus; wir können sie mit mehr oder weniger Sicherheit noch als den ursprünglichen Kern dieser Gedichte herausschälen. Holtzmann hat sich dieser Arbeit in Bezug auf das Ramajana, Lachmann, Köchly und Kirchhoff auf den Homer und die Nibelungen unterzogen. Mit diesen ursprünglichen Bestandtheilen der Epen lassen sich viele der uns erhaltenen romanischen und speziell italiénischen Balladen und Romanzen gleichstellen.

Völker, welche kein wirkliches Volksepos zu Stande gebracht haben, besitzen oft einen grossen Schatz solcher Volksballaden und Romanzen. Die Fähigkeit, epische Gemälde hervorzubringen, lag und liegt wohl in allen indogermanischen Volksstämmen vertheilt. Da aber das Epos wesentlich von den Jugendschicksalen der Völker abhängt, so ist nach dem Mass jener Wandlungen dieser Volksstamm ärmer geblieben, jener reicher geworden. Aber auch die Berührung mit entfernteren Völkern ist von bestimmendem Einfluss geworden.

Wo selbst schon die Keime des Epos in ausreichendem Masse vorhanden waren und es oft nur noch eines geringen Zufalls bedurft hätte, dass ein Epos zu Stande gekommen wäre, da wurde oft plötzlich der soweit gesponnene Faden abgerissen, wenn das Volk in jenem Augenblick aus seiner Abgeschlossenheit hinaustrat in politische Beziehungen zu andern, höher entwickelten Völkern.

Das Volk überspringt dann eine Culturepoche, die es ohne diese Berührung mit der Fremde durchgemacht haben müsste. Ich erinnere nur an das japanische Volk, das in wenigen Jahren aus dem chinesischen Stillstand in die moderne Culturentwickelung getreten ist. Solche, wenn auch nicht immer so folgenreiche Sprünge in der Entwickelung sind öfter vorgekommen. Das Wissen erringt in solchen Fällen wie mit einem Schlage den Sieg über das Meinen und Wähnen, der unterscheidende Verstand die Oberhand über die webende Phantasie.

Die russischen Lieder von Ilja Muromej sind ein Balladenkranz, der sich unter günstigen Umständen zu einem Epos hätte ausbilden können, das aber in seiner natürlichen Entwickelung unterbrochen wurde. Ob die Russen in den sogenannten „Zug Igors" und die Czechen in dem „Gericht der Libussa" authentische Volksepen besitzen, ist noch fast ebenso zweifelhaft als es einst die Authentität der Ossian'schen Lieder war. Auch das römische Volk hat einen solchen Sprung gemacht. In Rom und Mittelitalien finden wir kaum etwas anderes als kurze historische Notizen und Priesterrituale; — wenige Jahre darauf bringt Livius Andronicus seine Uebersetzung des Homer und Ennius sein bellum punicum. Die Blüthe der Dichtkunst erwuchs auf dem griechischen Boden Unteritaliens und blieb für Italien ein immerhin exotisches Gewächs.

Als das alte Römerreich in Trümmer sank und neue Völker und Staaten aus demselben hervorgingen, machten einige derselben eine eigenthümliche

Geschichte durch. Zu diesen gehört in erster Reihe Italien selbst.

Die Bevölkerung dieses Landes hatte eine tausendjährige, ruhmreiche Vergangenheit hinter sich. Allerdings, das Mannesalter des Volkes war vorüber, die Zeit, wo römische Strenge und Tüchtigkeit und die alte Bürgertugend sich die Welt dienstbar gemacht hatten, war dahin, aber wenn der Staat in das Greisenalter eingetreten war, so war dies durchaus nicht allein die Folge eines moralischen Verfalls des Volkes, wie man es so leicht anzusehen geneigt ist. Bei diesem Verfall haben die verschiedenartigsten Factoren zerstörend und auflösend mitgewirkt. Man denke nur an die ungeheure Ausdehnung des Reichs. Der Mangel an schnellen Verkehrsmitteln, den die Leitung eines solchen Reichs unbedingt erfordert, zwang dazu, die einheitliche Verwaltung aufzugeben und die einzelnen Provinzen Personen anzuvertrauen, die in Rom nur Rechenschaft über die Verwaltung abzulegen hatten, im Uebrigen aber fast als Monarchen dastanden, und ziemlich eigenmächtig verfuhren. Ausserdem besass das römische Reich an seinen Grenzen eine Menge halbunterworfener Vasallenstaaten, die jeden günstigen Augenblick wahrnahmen, um das verhasste Joch abzuschütteln. Während in Rom Kaiser und Adel dem Genuss lebten, dem durch die Schätze und Tribute der ganzen, damals bekannten Welt unzählige neue Quellen eröffnet worden waren, wurden in den Provinzen die Schlangen gross gezogen, die sich einst in den Raub theilen sollten. Nicht die sittliche

Entartung allein zertrümmerte das Reich, sondern die Unzulänglichkeit des Grenzenschutzes und der Verwaltung. Um ein Reich, wie das damalige Römerreich in dem Sinne weiter zu verwalten, wie es bis zum Tode Cäsars geschehen war, dazu gehören Eisenbahnen und Telegraphen, Kanonen und Mausergewehre, Dampfschiffe und Journale, wie sie die allerneueste Zeit besitzt, und auch dann würde noch manche Schwierigkeit nicht gehoben werden.

In der Völkerwanderung vollzog sich die vollständige Vernichtung des alten, und die allmähliche Wiedergeburt des neuen, des romanischen Italiens. Mit dem Andenken an die glorreiche Vergangenheit und dem vollen Mannesbewusstsein ging das Volk in diese Zeit hinein. Die Helden aus jenen Kämpfen erschienen dem gereiften Verstande nicht mehr als übermenschliche Wesen und Heroen, ihre Thaten regten die Phantasie in einem nüchternen Zeitalter nicht so an, wie einst die alten griechischen Helden die Sänger der homerischen Gesänge. Aus derselben Zeit, in der bei den jugendlichen Gothen die Sage des Hildebrandsliedes erwuchs, aus einer Zeit, deren bedeutendste Kämpfe in Italien ausgerungen wurden, haben die Italiener gar nichts gerettet.

Attila spielt in der deutschen Heldensage eine so hervorragende Rolle; in Italien finden wir von ihm keine Spur.

Und wie steht es um historische und patriotische Lieder aus dem Mittelalter und der Neuzeit? — Hier ist die Ausbeute noch geringer.

Guiseppe Pitré hat in seinen Studij di poesia popolare (Palermo 1872) einen interessanten Aufsatz über dies Thema veröffentlicht, auf den wir hier zunächst etwas eingehen müssen. Pitré nimmt in dem Artikel (ricordi e reminiscenze nei canti popol. sicil.) natürlich nur auf die sicilianischen Volkslieder genauer Rücksicht.

. Eine wichtige, kampfreiche Epoche der sicilianischen Geschichte war die Zeit der Besetzung der Insel durch die Normannen in den letzten Decennien des 11. Jahrhunderts. Aus dieser Zeit war die Gestalt eines Führers, wie die des Grafen Roger wohl geeignet, von sich reden und singen zu lassen. Es gibt einige Volkslieder, die Rogers, als des Vorkämpfers für den christlichen Glauben gegen die Saracenen, Erwähnung thun. Das betreffende Volkslied nennt Mazzara (im Südosten von den aegatischen Inseln) als Sitz der Mauren, gegen die Roger kämpfte.

Cc' era a Mazzara tanti Saracini.

Aber das ganze Lied enthält sonst nichts Bemerkenswerthes, als diese trockene historische Notiz. Weder von maurischer Pracht, wie sie uns Ibn Hamdis in seinen Liedern schildert, weiss das Lied etwas, noch von der Macht der Normannen. Auch ist die Nachricht, wie Pitré zu diesem Liede kam, entschieden darnach angethan, Verdacht gegen die Authentität desselben einzuflössen. Aehnlich ergeht es mit mehreren anderen dort angeführten Strophen. Jedenfalls wird man jetzt, nachdem die sicilianischen Volkslieder von verschiedenen Sammlern an allen Orten der Insel mit ungeheurer Sorgfalt zusammengebracht worden sind, kaum noch die von Pitré ausgesprochene Hoffnung hegen können, dass man dereinst durch einen günstigen Zufall auch noch ein Volksepos auf der Insel entdecken werde, dessen Thema die normannische Eroberung sei.

Ein anderes Volkslied thut eines Schutz- und Trutzbündnisses Erwähnung, das im Jahre 1411 zwischen mehreren westsicilischen Städten unter Anführung der Barone von Castelvetrano und Partanna zur Unterstützung des aragonischen Königshauses abgeschlossen wurde. Der Vertrag wurde abgeschlossen zu Salemi (östl. von Marsala). Das Bruchstück heisst:

> In Salemi hatten sich die Barone,
> Die Länder und Völker zusammengefunden.
> Einen Boten schickten sie an die Krone,
> Wir alle sind bereit, zum Kampf verbunden.

* * * * * * * *

Ein messinesisches Lied thut zweier Volksparteien Erwähnung, der Merli und Malvizzi, die sich 1672 in der Stadt gebildet hatten. Das historische Factum und die erhaltenen zwei Verse sind aber zu unbedeutend, als dass wir uns bei ihnen aufhalten sollten.

Diese sparsamen, historischen Andeutungen müssen äusserst vorsichtig aufgenommen werden, denn gerade die uns vorliegenden Sammlungen sicilianischer Volkslieder legen den Verdacht so nahe, dass in dieselben manches literarische Product, wenn auch ohne Schuld der Sammler, mit aufgenommen worden sei. Viele dieser Lieder mit historischen Erinnerungen haben ihren Ursprung sicher in Gelehrtenstuben gefunden.

Auch Rubieri müht sich vergeblich ab, den Italienern eine politisch-patriotische Volksliederliteratur zu vindiciren. Es ist nicht zu bestreiten, dass im Laufe der Jahrhunderte bei gewissen Anlässen auch das patriotische Gefühl der Italiener sich in Liedern Luft gemacht hat. Solche Lieder sind in den Kämpfen der oberitalienischen Städte, zur Zeit der Normannen und Hohenstaufenkriege, zur Zeit Masaniellos und in den Kämpfen der neuesten Zeit wohl erklungen, aber auch gleich wieder verklungen. Der italienische Geist ist diesen Liedern entschieden abhold.

In ganz Italien hat das Volkslied sich immer um einen ganz bestimmten Mittelpunkt gedreht, der ist die Liebe. Der toscanische Landmann denkt an nichts anderes, als an Liebe, und wenn er diese verloren hat, dann verzichtet er auf alles Andere, auf Glauben, auf Vaterland. „Und hättest du Lust, Türke zu werden, über's Meer zu gehen und in der Türkei zu bleiben, dann will ich mich vor dem Türken auf die Knie werfen und meinem Glauben abschwören."

Wir haben schon früher einmal darauf hingedeutet, dass dieser Mangel an Patriotismus in der eigenthümlichen Entwickelung Italiens begründet ist. Hören wir über diesen Punkt noch einen Italiener.

„Italien*) hatte, wie Griechenland und Serbien,

---

*) E. Rubieri. Storia della poesia popol. ital. S. 489 ff.

ein öffentliches Leben mit Freiheit und Unabhängigkeit, ja zuerst sogar mit absoluter Weltherrschaft,
später dagegen nur mit einfacher Autonomie der
Städte. Und in diesen beiden Epochen hatte es eine
politische Volksliederliteratur. Es hatte sie zu einer
Zeit, als römische Soldaten ihre Dithyramben um
den Triumphwagen italienischer Eroberer sangen.
Und dass diese Gesänge von einem Nationalgefühl
getragen wurden, geht klar und deutlich aus ihrem
Inhalt hervor, der keine knechtische Schmeichelei
gegen ein Symbol oder einen Namen bekundet, sondern einen freundschaftlichen Verkehr zwischen Feldherrn und Soldaten etc. etc. Italien hatte auch politische Volkslieder als es nicht mehr eine Nation,
sondern in viele Republiken getrennt war, als die
Bürger selbst sich durch Kriegslieder zur Verthei-
digung ihrer Vaterstädte gegen die Angriffe Fremder
ermuthigten. . . . . Und jene Gesänge waren sicher
nicht die einzigen in allen den Unruhen, in denen
Italien Jahrhunderte hindurch steckte. Welche Ge-
nugthuung würde es nicht für uns sein, wenn wir
auf den Lippen der jetzigen Alpenbewohner, bei den
Bewohnern der Apenninenkette und des Etna jene
Gesänge wiederfänden, die einst unter den Mauern
Jerusalems und Antiochias, in dem Engpass von Susa
und auf den Feldern von Legnano erklungen sein
müssen etc. etc. Wie würden wir uns rühmen können,
einen Schatz von politischen Liedern und von Vaterlandsliebe zu besitzen. Aber zwischen jenen Zeiten
und heute wehte ein kalter Wind, der alles politische
Leben und alle Freiheit auslöschte."

*

„Von allen diesen Liedern sind nur wenige, ganz neue, übrig geblieben. Fast alle anderen sind mit dem Lärm der Waffen, der sie hervorgerufen hatte, verklungen, denn sie hatten ihre Wurzeln nicht in dem Theile des Volkes, der in Italien der Begeisterung für das Staatswesen so abgeneigt, aber um so fähiger ist, alle anderen Ueberlieferungen, namentlich die poetischen zu bewahren und fortzupflanzen — in der Landbevölkerung."

„Das italienische Volkslied, wenn es auch in den Städten politische Färbung hatte, war doch selten politisch auf dem Lande, und zwar nur in Folge der alten angeerbten Mangelhaftigkeit unserer politischen Einrichtungen, die aus den Zeiten der Grösse und Freiheit als Erbtheil auf die Zeit des Verfalls und der Knechtschaft übergingen, d. h. in Folge des Bestrebens, in den Städten die Leitung aller Interessen um die Person des Herrschers zu concentriren, auf dem Lande aber nichts zu lassen, als den Druck der Knechtschaft, die Arbeit und die Steuern. Aus diesem Grunde gewöhnten sich die Städter in den Zeiten der Freiheit an den Genuss; sie schätzten und erstrebten die Einmischung in die Staatsverwaltung, und sie vergassen auch in den Zeiten der Knechtschaft niemals ganz dies Leben, ja vielmehr wünschten und hofften sie, angestachelt mehr oder weniger durch die Lebhaftigkeit der Erinnerung, durch die Mahnungen, welche Denkmäler und Bücher an sie richteten, durch die Grösse der antiken und modernen Civilisation, fortwährend, das öffentliche Leben möge zu dem Zustande zurückkehren, in dem sie es einst

genossen hatten. Daher stammten die Parteizwistig-
keiten, die thätige Intelligenz, die politische Poesie
in den Städten."

„Die Landbewohner hingegen hatten sich seit den
Zeiten der Freiheit daran gewöhnt, von den städtischen
Geschäften fern zu bleiben, und deshalb kannten sie
und liebten sie nicht ihre Einflüsse. Sie waren
Zeugen vieler Kämpfe zwischen Stadtbehörde und
Stadtbehörde, zwischen Lehnsherrn und Lehnsherrn,
zwischen Lehnsherrn und Stadtbehörden, zwischen
Völkern und Herrschern gewesen; aber sie hatten
immer gesehen, dass, wer auch Sieger sein mochte,
nichts Gutes daraus für sie erwuchs, und dass alles
das, was sie Freiheit, Tyrannei, Unabhängigkeit und
Vorrang nennen hörten, nicht die geringste sichtbare
Veränderung in ihr Geschick brachte etc. etc."

„Auf solche Weise geschah es, dass die politische
Poesie auf dem Lande nicht leben konnte, weil sie
dort nicht geboren war; sie wurde in den Städten
geboren, aber auch hier lebte sie in Wahrheit nicht,
denn die Tyrannenherrschaft der Bürger unterdrückte
jede freiheitliche Kundgebung . . . . . und alles dies
musste natürlich wie zur Unterdrückung jeder männ-
lichen Gewohnheit, so auch zur Vernichtung der
politischen Poesie führen."

Soweit unser italienischer Autor. Mit ganz geringen Ausnahmen gilt das, was hier gesagt wurde,
von ganz Italien. Die neueren politischen und patriotischen Gesänge der Italiener sind nicht hierher zu
rechnen, da sie nicht aus dem Volke, sondern von
modernen Dichtern stammen. Ich erinnere nur an

den markigen Kriegsgesang der Alpenjäger von Gaetano Raccuglia, der namentlich in Oberitalien mit der grössten Begeisterung aufgenommen wurde, und längst zum Volksliede geworden ist.

In Italien hat man namentlich in neuerer Zeit diesen Mangel an patriotischen Volksliedern recht bitter gefühlt, und die Italiener haben sich alle Mühe gegeben, durch mühsame Nachforschungen bis in entlegene Jahrhunderte zurück poetische Reste aufzufinden, die diese Lücke auszufüllen im Stande wären. Aber wenn man alle diese Bestrebungen bei Licht besieht, so muss man sie doch als fast ganz fruchtlos bezeichnen. Wenn wir das Wort des Tommaseo*), dass eine Nation, die keine historischen Lieder hat, und keine historischen Ueberlieferungen besitzt, die in Volksliedern unter der Menge leben, eine todte Nation sei, auch nicht in seiner ganzen Strenge auf Italien anwenden wollen, so lässt sich doch auch nicht läugnen, dass namenlich das Landvolk immer stark indifferent und passiv gewesen ist und noch ist.

Die Corsen werden in Italien immer für dasjenige Volk italienischen Stammes angesehen, das am ersten alle jene Bedingungen in sich vereinigt haben könnte, aus denen die politische Poesie erwächst: Freiheitsliebe, Unabhängigkeits-Gefühl, natürliche Tapferkeit und Vaterlandsliebe. Aber wenn wir Rubieri**) hören, so „muss man absolut anerkennen, dass die Corsen eine historische und politische Poesie wohl besessen, aber nicht bewahrt haben. Und dies

---

*) Canti illirici. prefaz. p. 23.
**) a. a. O. S. 511.

ist sehr begreiflich. Die Poesie ist Leidenschaft, wo aber die Leidenschaft nicht vorhält, da erstirbt auch die Poesie. Die Leidenschaft der Corsen für Politik war stark, aber sie dauerte nicht, und das hatte Gründe. Vor allen Dingen hatten sie sich niemals ein bestimmtes und einheitliches Ziel vorgesteckt, sondern sie theilten sich in Parteien; heute befreiten sie sich von einem Feinde, um sich morgen einem andern zu unterwerfen, der nicht besser war als der frühere. Und bei jedem neuen Aufflammen der politischen Leidenschaftlichkeit muss eine neue Richtung in der Poesie entstanden sein, und diese konnte natürlich nur entstehen und leben auf Rechnung der alten, die mit den früheren politischen Bestrebungen zu Grabe getragen wurde etc."

Auch hier kommen wir zu demselben Resultat.

Jetzt aber wenden wir unsere Blicke dem Norden Italiens zu.

In dem halbmondförmigen Winkel Italiens, der von den West- und Centralalpen in weitem Bogen umschlossen wird, lebt ein italienischer Volksstamm, der allerdings stark mit fremden, namentlich germanischen Elementen versetzt ist, und einen ganz andern Charakter besitzt, als alle übrigen Volksstämme der Halbinsel. Es ist der Stamm, welcher für Italien das wurde, was das einst so unscheinbare Königreich Preussen für Deutschland geworden, der Befreier und Einiger der Bruderstämme.

In Piemont ist der Italiener entschieden nüchterner, derber, fester und kriegerischer, als sonst wo in Italien; und diese Charakterzüge finden wir auch in der Poesie wieder. Wenn wir eine wirklich politische und historische Volkspoesie in Italien finden wollen, so müssen wir unsere Schritte nach diesem Lande lenken.

Bei den Piemontesen und auch schon bei den Lombarden verschwindet die erotische Volkspoesie in dem Masse, in welchem die historische und patriotische mächtiger wird. Unter der Herrschaft des Hauses Savoyen hat dieser nordwestliche Theil Italiens Jahrhunderte hindurch, wenn auch kein aussergewöhnlich bedeutendes, so doch in sich abgeschlossenes Reich gebildet. Die Bürger dieses Reiches wussten, für was sie in den Kampf zogen — für das Vaterland, für ein ruhmreiches Herrscherhaus, für die Freiheit und Unabhängigkeit ihres kleinen Staates. Und so unbedeutend dieser Staat auch lange Zeit war, er bestand aus Bürgern, denen Vaterlandsliebe und Freiheitsdrang keine leeren Worte waren. Piemont war der Soldatenstaat in Italien; kriegerisches Wesen war hier zu Hause, es wurde den Kindern angeboren. Ja, hier finden wir sogar — was wir sonst in Italien wohl vergeblich suchen würden — kriegerischen Sinn und Todesmuth bei den Frauen, und die Piemontesen sind stolz auf die Frauen. Auch die Sprache trägt diesen harten, starren Charakter; unter den italienischen Dialecten besitzt sie am wenigsten Wohlklang. Der dumpfe Laut des ü, den die mittel- und süditalienischen Dialecte gar nicht kennen, herrscht in den piemontesischen und lombardischen Dialecten vor. Die Sprache hat, wie die ihr ganz nah verwandte französische, eine grosse Vorliebe für Abwerfung der unbetonten Endsilben, so dass die Worte meistentheils Oxytona werden. Die lombardischen und piemontesischen Dialecte bilden den stufenmässigen Uebergang zu den südfranzösischen Mundarten.

Wenn wir nun zu den historischen Volksliedern Norditaliens übergehen, so muss von Anfang an bemerkt werden, dass einmal viele der piemontesischen Lieder dieselben Stoffe behandeln, die wir auch in Südfrankreich finden, andererseits aber auch von Piemont aus manche dieser Gesänge nach der Lombardei und Venedig übertragen und dort heimisch geworden sind.

Wir bringen zunächst ein Gedicht, das uns an das bekannte deutsche Volkslied von den drei Königskindern erinnert.

Der im Meer versunkene Ring.

Es waren einst drei Mädchen,
Die hatten einander so lieb.
Ninetta war die schönste,
Sie stieg wohl in ein Boot.
Und als sie in dem Nachen fuhr,
Fiel in die Fluth ihr Ring.
Sie hob die Augen zum Himmel auf,
Einen Fischer sah sie da.
O Fischer auf den Fluthen,
Komm' her, und fische hier,
Ich hab' den Ring verloren,
Und find' ihn nimmermehr. —
Wenn ich ihn wiederfinde,
Was gibst du mir dafür? —
Geb' hundert Goldzechinen,
Die ganze Börse voll; —
Nur einen Kuss in Liebe,
Wenn du ihn mir gewährst. —

*   *   *

Wenn das mein Vater wüsste,
Was sagt' ich ihm darauf? —
Sei still, sollst' gar nichts sagen,
Ich freie dich nachher. —
Und wenn du mich gefreit hast,
Wohin dann bring'st du mich? —
Dort drüben zu jenem Berge,
Wo die Sonne früh aufgeht,
Und einen Palast erbau' ich
Mit sechsunddreissig Sälen,
Und will ihn malen lassen
Von sechsunddreissig Malern.
Ein Kleid lass ich dir machen
Von sechsunddreissig Farben;
Von sechsunddreissig Schneidern
Soll's zugeschnitten sein.   (Gianandrea. S. 261.)

Zu dieser Ballade führt Comparetti (III. S. 116) mehrere Varianten auf, die besonders dadurch interessant werden, dass sie uns zeigen, wie der vorwiegend lyrisch gestimmte Mittel- und Süditaliener die Ballade ihres historischen Gehalts beraubt und sie lyrisch umbildet. Die Varianten aus Venedig, Pistoja und Neapel sind durch und durch lyrischer Natur. Die Fassung des Liedes in Venedig und Pistoja ist im Wesentlichen die, welche unser ähnliches deutsches Lied (das jedenfalls nur eine volksthümlich gewordene Verdeutschung ist) „Das Schiff streicht durch die Wellen, Fridolin" — uns bietet. Wir werden diesen Umwandlungsprozess noch genauer bei einem süditalienischen Stoff ins Auge zu fassen haben.

Schlägt die oben angeführte Ballade einen ganz friedlichen Ton an, so ist es doch im ganzen häufiger,

dass sich die Schilderung mit Vorliebe in schreck-
lichen Bildern bewegt. Es gibt eine grosse Anzahl
von Balladen und Romanzen, deren stehenden Schluss
die Verse bilden:

> Ranca ra spà u siur cunte
> Ant ir cor u i r' ha piantà.

Die ergreifendste und gewaltigste dieser nord-
italienischen Volksballaden ist die von der Donna Lombarda. Wie knapp und inhaltsschwer ist hier der
Dialog, wie vortrefflich die Disposition des Stoffes,
wie hart und grausam sind die vorzüglich gezeich-
neten Charaktere. Nach C. Nigra wäre das Gedicht
seinem Stoff nach auf die bekannte Greuelscene
zwischen Alboin und Rosamunde zurückzuführen.
Alboin feiert nach seinen ersten italienischen Siegen
in Verona ein Fest und bietet halbtrunken seiner
Gattin Rosamunde einen Trunk aus dem Schädel
ihres Vaters Kunimund, indem er ihr zuruft, er wolle
bei der allgemeinen Freude, die sich der Gemüther
bemächtigt, dass sie mit ihrem Vater trinke. Aber
diese Worte treffen wie Dolche Rosamundens Herz.
Sie sinnt auf Rache. Da sie weiss, dass Helmechild, ein edler junger Langobarde, eine ihrer Hof-
damen liebt, so überredet sie die letztere, ihr eine
Nacht hindurch den Umgang mit Helmechild zu ge-
statten, und es so einzurichten, dass dieser von der
Täuschung nichts ahne. Es geschieht wie die Königin
es gewünscht hatte. Nun aber entdeckt sich die
entehrte Frau dem Jüngling und stellt ihm die
Wahl zwischen der Herrschaft an ihrer Seite, die
aber unbedingt die Ermordung Alboins verlangt, und

dem Tode als Ehebrecher durch Alboins Hand.
Helmechild wählt natürlich das Erstere und tödtet
Alboin. Aber die Königin entbrennt bald darauf
in neuer Liebe zum Exarchen Longinus von Ravenna,
Dieser reizt sie gegen den Jüngling auf und sein
Tod wird beschlossen. Den weiteren Verlauf der
Erzählung bringt das Gedicht selbst.

> — Wenn ich Euch sage, Donna Lombarda,
> Nehmt mich zum Mann, nehmt mich zum Mann! —
> — Wenn ich Euch sage, mein lieber Ritter,
> Hab' schon 'nen Mann, hab' schon 'nen Mann! —
> — Euren Gemahl, Donna Lombarda,
> Ihr tödtet ihn, Ihr tödtet ihn.
> Geht in des Königs Garten, dort
> Muss eine Schlange sein.
> Die nehmt Ihr und zerstosset sie
> Im Marmormörser fein.
> Dann nehmt Ihr sie, seid Ihr allein,
> Und mischt sie ihm in den kühlen Wein. —
> — Von der Jagd kam ihr Gemahl zurück: —
> Donna Lombarda hab' grossen Durst! —
> — Gut, seht dort auf dem Schenktisch nach,
> Dort steht ein Glas mit kühlem Wein. —
> Donna Lombarda, ich sage Euch,
> Gar trüb' er ist, gar trüb' er ist! —
> — Gestern Abend trübte der Seewind ihn,
> Die Tramontana heute früh.
> — Ihr Kindlein in der Wiege lag,
> Neun Monat alt, — das hub so an:
> Ich sage König, mein Vater, Dir,
> Trink' nicht den Wein, trink' nicht den Wein!
> Du kannst mir's glauben, meine Mamma
> Goss Gift Dir in den Trank hinein. —
> Ich sag' Euch Donna Lombarda:
> Trink't Ihr ihn aus, trink't Ihr ihn aus! —
> Mein lieber Gemahl, ich sage Dir,
> Mich dürstet nicht, mich dürstet nicht. —
> Auf die Brust setz' ich den Degen Dir.
> ... Du trink'st ihn aus, du trink'st ihn aus! —

Und als sie den ersten Tropfen trank: —
Donna Lombarda entfärbte sich.
Als sie den zweiten Tropfen trank:
Meine Kinder empfehl' ich Euch an! —
Donna Lombarda, ich sage Euch,
Denk't nur an Euch, denk't nur an Euch!
Ihr dachtet es andern anzuthun,
Nun thun's die Andern Euch.   (G. Ferraro. No. 1.)

Verrath in der Liebe ist sonst ein gewöhnliches
Thema dieser Balladendichtung, und die verrathene
Schöne, die ihre Keuschheit und Unschuld auf keine
andere Weise mehr zu retten weiss, greift im letzten
Augenblick noch nach dem Schwert des Betrügers
und rettet sich durch freiwilligen Tod vor der Schande.

Das keusche Mädchen von Montferrat.

Auf der Brücke zu Mantua
Ein schönes Mädchen steht.
Ein Jüngling geht an ihr vorbei,
Ein fränkischer Ritter ist's.
— Ich sage dir, schön' Mägdelein
Willst du nicht kommen mit mir? —
— Jawohl, ich komme sogleich mit dir,
Wahrst du die Ehre mir. —
Er fasste sie bei der weissen Hand,
Er bot zur Stütze ihr den Arm.
Fünfhundert Meilen machten sie,
Und sprachen kein einzig Wort.
Dann gingen sie noch ein Stückchen Wegs
Und kamen in Frankreich an.
Als sie in Frankreich angelangt,
In ein Wirthshaus gingen sie. —
Iss, trink' nun meine Schöne,
Iss und trinke dann!
Sitz' nieder nun, und ruhe du
Vom Wege, den wir machten, aus. —
Und isst du nicht, und trinkst du nicht,
Schmeckt dir nicht Speis' und Trank,

So wünsch'st du vielleicht ein gutes Bett. —
Komm', lass zur Ruh' uns geh'n.
Ein schönes Bettchen ist bereit,
Das wartet nur auf dich.
Beeile Schöne, beeile dich,
Beeil' dich d'rum mein Lieb'. —
Mein Gürtel ist fest verschlungen,
Nicht öffnen kann ich ihn;
Leiht mir jetzt Euren Degen,
Den Gürtel zerschneid' ich mir.
Kaum hatt' sie den Degen in der Hand,
Da stiess sie ihn in's Herze sich . . . .
Verflucht sei dieser Degen,
Und der Meister, der ihn gemacht!
Das schöne Mädchen ist nun todt,
Das Mädchen von Montferrat.

(Ferraro. No. 2.)

Die erkannte Unschuld.

Mariana, du liebes Weib,
Willst zu Gefallen mir sein,
Lass schlafen mich eine Nacht bei dir,
Lass schlafen uns ganz allein.
Nein, nein, du schöner Jüngling du,
Meinem Mann wär' das nicht recht! —
Willst du dem Gatten nicht Unrecht thun,
So geht dir's wahrlich schlecht.
Jeden Morgen komm' ich vor deine Thür,
Lege Kleider hin und Schuh.
Sagt jeder, der vorübergeht,
Dass Jemand bei dir ruh'.
Mariana, du liebes Weib,
Zeig' mir dein Ringelein!
Mein Ringlein ist von feinem Gold,
In die Truhe schloss ich's ein.
Und Mariana ohne Falsch,
Gab ihm zu seh'n den Ring.
Der Jüngling aber nahm ihn fort,
Damit zum Goldschmied ging.
Du Goldschmied, lieber Goldschmied, du,

Machst du einen Ring so fein?
Wird er so schön und zierlich auch,
Als der Mariana's sein? —
Und als er auf die Strasse kam,
Traf er Antonio an,
Was gibt's denn Neues, junger Mann,
In meinem Land, so hub er an? —
In Eurem Land sieht's übel aus,
Im Haus hält Mönch und Pfaffe Rath.
Auch ich bin lange heimisch d'rinn,
Ich selbst ein braver Soldat.
Und hast's so lange nicht geglaubt,
So glaube jetzt doch mir.
Von deiner theuren Gattin ist
Dies gold'ne Ringlein hier. —
Er ging, bis er sein Weibchen traf,
Begleitet ihn manch' Rittersmann.
— Sieh' her, sieh' her, mein lieber Gemahl,
Hab' deine Freude d'ran.
Und hab' ich meine Freude d'ran,
So wird es doch dir zur Qual.
Er band sie an, und band sie fest
Am Sattel des Rosses zumal.
Und auf die Strasse schleppte er sie,
Wo nicht Gras noch Rasen war,
Dort floss Mariana's rothes Blut
Herab zur Erde klar. —
Mariana, du mein liebes Weib,
Wo ist dein Ringelein? —
Mein Ringlein ist von feinem Gold,
Im Koffer schloss' ich's sorgsam ein. —
D'rauf ging Antonio von ihr fort,
Er suchte auf den Ring. —
Mariana, du mein liebes Weib
Kommst wieder du mit mir? —
Nein, nein, mein Herz gebrochen ist,
Die böse Rede brach's.
— Wir sterben nun alle drei. —
Antonio zog sich das Goldschwert aus
Und bohrt es sich in's Herz hinein.

(Ferraro. No .9.)

Beredtes Zeugniss von dem kriegerischen Muth einer jungen Schönen gibt die folgende Romanze.

Das kriegerische Mädchen.

Was weinst du, lieber Bruder,
Was weinst du so bitterlich?
— Ich muss hinaus zu Felde zieh'n! —
Lass, nur ich gehe für dich!
Und ihre Kleider zog sie aus,
Und zog die Hosen an,
Dann schwang sie kühn sich auf das Ross
Und zog zu Feld als Mann.
Die Mutter stand am Fenster,
Der Vater schaut vom Altan.
Ihr Töchterchen sahen sie drunten zieh'n
Als schmucken Reitersmann.
Nun gib mir auch ein schönes Schwert,
Um tüchtig drein zu hau'n.
Und einen Diener sende mir,
Auf den ich kann vertrau'n.
Als sie darauf im Felde war,
Hub sie zu singen an;
Da war auch ihres Feldherrn Sohn,
Der ward ihr Bräutigam.
— O Mutter, liebe Mutter du,
Schau, ein Soldat kam her,
Dort steht er im Schatten des Feigenbaums,
Den lieb' ich gar so sehr.
Mein Sohn, o du mein lieber Sohn,
Gib ihm einen Edelstein.
Und wenn er wirklich ein Mädchen ist
Nimmt er das Ringelein.   (Gianandrea S. 280.)

Nun noch etwas aus dem burlesken Genre.

Fanfornica.

— Fanfornica, Fanfornica! —
— Was begehrtst du von Fanfornica? —
— 'S ist 'ne arme Wittwe draussen,
Die zur Beichte gehen will. —

— Wittwe? — Schick' sie fort von hier!
— Will sie nicht zur Beichte lassen.
— Fanfornica, Fanfornica!
Was begehrst du von Fanfornica? —
'S ist ein armes Eh'weib draussen,
Das zur Beichte gehen will.
— Eh'weib! — Schick es fort von hier!
Will es nicht zur Beichte lassen! —
— Fanfornica, Fanfornica! —
— Was willst du von Fanfornica? —
'S ist 'ne arme Jungfer da,
Die zur Beichte gehen will.
— Jungfrau! — Bagatelle!
Ja sie mag zur Beichte kommen. —
— Wie viel Zeit ist schon verflossen,
Seit du nicht zur Beichte kamest? —
— Fünfzehn oder zwanzig Tage! —
Von dem Tage nun bis heute,
Sag' die Sünde, die dich reute. —
Väterchen, hab' die Katz' geschlagen,
Weil sie mir Unglück eingetragen.
Brach den Nachttopf mir entzwei!
— Meine Tochter 's ist kein Unrecht dabei! '—
Und zu deiner Lösung Zeichen,
Will ich zum Kuss die Schnur dir reichen,
Und die Schuld soll von dir weichen. —
— Vater, ich küsste sie sicherlich,
Doch fürcht' ich vor der Mutter mich.
— Sag' mir, wo ist dein Haus zu finden? —
— In San Luca, in Salizada. —
— Sag' mir die Nummer auch deiner Thür!
— Die Nummer ist fünfhundert und vier! —
— Um welche Stunde bist du bereit?
— So um die beste Schlafenszeit. —
— Sag' mir, wer wird uns Wächter sein?
— An der Thür mein Schwesterlein.
— Geh' der Himmel seg'ne dich! —
— Gesegnet sei Fanfornica. —

(Bernoni. XI. 9.)

Das Liebchen des Bäckers.

Drei Uhr hat's schon geschlagen,
Catharina, komm', öffne mir!
Bin nackt, im Hemde bin ich noch;
Zieh' mich an, gleich öffn' ich dir.
— Mit einer Hand zieh's Kleid dir an,
Mit der andern öffne du. —
Schnell hinauf und poltre nicht so sehr
Der Vater schläft in Ruh.
— Ihr Vater lag noch nicht im Schlaf,
Stand horchend hinter der Thür. —
— Catarinella, Catarinella,
Wer ist's der spricht mit dir?
— Des Hauses Bäcker kam herein
Und sagte das Backen an.
— Hier ist kein Brod, hier ist kein Mehl,
Zum Mahlen ist kein Korn.
— Catarinella, Catarinella,
Alle Welt spricht nun von dir.
— Lass sprechen die Leute immerhin,
Wer mir gefällt, den nehm ich mir!

(Gianandrea. S. 279.)

Werfen wir nun noch einen Blick auf Mittel-
und Unteritalien.

Man hat in jüngster Zeit in Italien vielfach gemeint, die Bruchstücke eines alten zerstückelten
Nationalepos aufgefunden zu haben. Dieses Epos
hat nach der jetzt massgebenden Meinung das Unglück
erfahren, in lauter kurze lyrische Gedichte zerrissen
zu werden. Imbriani sagt darüber Folgendes*):

„Die Italiener hatten einst, wie jedes andere
Volk, ein Volksepos. Aber in dem Masse, wie nach
und nach im Volke der epische Gehalt verloren

---

*) Comparetti. III. S. 261 Anm.

ging, so verschwand auch aus seinem Gedächtniss der erzählende Theil des Liedes. Die lyrischen Partieen hingegen, die dem veränderten nationalen Bewusstsein mehr entsprachen, blieben haften, entfalteten sich, wuchsen weiter und wurden selbstständige Lieder, es sind eben jene Lieder, die unsere Landleute, unsere Dienstboten, wir selbst tagtäglich singen." Diese so paradoxe Ansicht muss natürlich auf die in Rede stehenden Fragmente jenes Volksepos eingeschränkt werden. Diese Fragmente sind zum grossen Theil zusammengestellt von Imbriani, (Comparetti III. S. 253 — 268) geordnet und untersucht hat sie zuerst Salvatore Salomone Marino.*)

Das Resultat dieser Untersuchungen ist zum mindesten sehr zweifelhaft, und es würde sich kaum der Mühe lohnen, hier näher auf dieselben einzugehen. Wir heben nur einige Bruchstücke dieses vermeintlichen Epos hervor, wie sie in verschiedenen Theilen Italiens gesungen werden. Eins der umfangreichsten Fragmente stammt aus Pomigliano d'Arco bei Neapel.

Alle Welt kommt von Neapel wieder,
Mein Schatz allein ist noch nicht angekommen.
Will zu den Kutschern gehn und alle fragen,
Ob gute Nachricht sie von ihm vernommen.
Du dunkles Fenster, leuchtend in vergangenen Tagen,
Muss ich von dir die Trauerkunde haben?
Ans Fenster kommt die Schwester, mir zu sagen,
Dass mein Geliebter starb und ward begraben.
So will ich fragen, wo man ihn ins Grab gebettet,
Dort geh' ich hin, zwei Küsse ihm zu geben.

---

*) S. S. Marino. La baronessa di Carini, leggenda storica popolare del secolo XVI. in poesia siciliana. Palermo 1870.

Zur Kirche komm' ich, hab' das Grab gefunden, —
Wie bist du umgewandelt, — Blumenstraus im Leben! —
Das Mündchen, draus einst Blumendüfte stiegen,
Von Würmern ist es jetzt erfüllt, — o Jammer.
Du klagtest stets, du müssest so alleine liegen,
Jetzt schläfst du mit den Todten in der Grabeskammer.
Und konnt' ich dich im Leben mein nicht nennen
Will ich im Tod mich nimmer von dir trennen.

(Comparetti III. S. 253.)

Wir erinnern an die schon früher angeführte Variante des Liedes aus Neapel. Detaillirter und speciell localisirt erscheint das Factum in einem Liede aus der Terra d'Otranto.

Sanct Franziscus, Sanct Franziscus, mein,
Lass mich meine Geliebte sehen.
Lass sie mich schauen im Sonnenschein,
Oder sie schlafend im Bett mich sehen.
Meine Gevatterin hatte ein Fensterchen schön,
Da sah ich mein Liebchen den Tag entlang.
Drei Tage schon hab ich sie nicht mehr gesehn,
Ich glaube, sie ruhet im Bett und ist krank.
Ich ging als Arzt zu ihr in meinem Harme,
Sie zu heilen kam ich selbst — die Arme.
Die Mutter kommt, als ich um Einlass flehe:
„Die du hier suchst, ist längst begraben!
Glaubst du mir nicht, nach S. Maria gehe,
Zur linken Hand wirst du ihr Grab dort haben.
Und ist ihr Grab dir gänzlich unbekannt,
So spähe, wo man frisch aufgrub das Land.
Und hast du ihre Ruh'statt aufgefunden,
Mit grünem Bande ist ihr Haar gebunden.
Weisst du nicht, wie ihr Haar gescheitelt ward, —
Zu beiden Seiten nieder nach des Landes Art.
Und kennst du nicht ihr Kleid und ihr Geschmeide, —
Du findest sie umhüllt vom grünen Kleide.
Und weisst du nicht, wie sie geschmücket war, —
Ein goldnes Diadem umschliesst ihr Haar.
Aufs Antlitz hab' ich ihr ein Linnentuch gedeckt,
Damit kein Staub ihr hold Gesicht befleckt.

Und dreizehn goldne Lampen leuchten dort,
Die scheuchen aus dem Grab das Dunkel fort.
Ihr gegenüber liess ich ein Fensterlein,
Mond und Sonne kommen und scheinen hinein. —
Ich empfahl sie den Todten: „Bewacht sie mir gut,
Die Maid, die alleine hier zwischen euch ruht."
Doch als ich über ihr den Sarg geschlossen,
Sind Thränenströme in ihr Grab geflossen.

(Comparetti III. 258.)

In dem Tone des Liedes aus Neapel sind auch
die übrigen zahlreichen Varianten aus Messina, Ar-
pino, Umbrien etc. gehalten. Eine wesentlich neue
Form mit Weiterentwickelung des Gedankens finden
wir in Spoleto.

Ich komm und geh', das Fenster ist geschlossen —
Soll an des Liebchens Blick mich nicht mehr laben.
Die Mutter tritt ans Fenster weinend:
„Die du hier suchst ist längst begraben.
Glaubst du mir nicht, geh hin zur Kirche,
Und sieh die Arme, die dein Herz begehret.
Den Stein erhebe, der das Grab bedecket,
Und sieh', wie Würmer ihren Leib verzehret." —
— O Sakristan, um eine Gnade bitt' ich dich,
Ein Lämplein zünde an, begleite mich!
Noch einmal will ich mein Liebchen sehn. —
Teufel, Teufel, ich bitte dich schön,
Lass' mich noch einmal mein Liebchen sehn.
Will singend hinab zur Hölle steigen,
Und wirst du mir mein Liebchen zeigen,
Dann will ich dir meine Seele geben! —
Teufel, Teufel, freue dich nicht,
Denn wie ich kam, geh' ich zurück ins Leben.

(Comparetti III. 257.)

Sonderbar ist es, dass der Liebende seine Braut
hier beim Teufel in der Hölle sucht. Sollte der
Volksdichter gemeint haben, die Baronessa di Carini
sei, weil sie gegen den Willen ihres Vaters eine
Liebschaft unterhalten habe, zur Strafe für ihren

Ungehorsam in die Hölle gekommen, nachdem ihr Vater sie in seinem Zorn ermordet hatte? Allerdings grausig scheint das Factum, das sich übrigens im Jahre 1563 ereignete, von den sicilianischen Volksdichtern ausgesponnen worden zu sein, denn die Sicilianer sagen, dass die Erzählung den Hörern „faceva arricciare la pelle". Höchst wahrscheinlich ist hier aber Teufel mit Tod synonym. In einem Liede aus Caballino und Lecce in der Terra d'Otranto wird uns die Unterhaltung des die Geliebte suchenden Bräutigams mit dem Tode folgendermassen geschildert:

> Ich wollte wissen, ob der Tod gestorben,
> Und lebt er noch, geh ich ihn anzuhalten.
> Wenn ich an seine Thür gekommen,
> Wollt' ich mit meinem Dolch sie spalten.
> Und würd' er die Sense gegen mich wenden,
> Ich zerbräche sie ihm mit starken Händen. —
> — Er lebte noch, der Tod, und trat herfür,
> Sah augenlos mich an, — aus seinem Munde
> Erscholl das Wort: „Was suchst du vor der Thür?
> Es hat noch nicht geschlagen deine Stunde."
> Nicht meinetwegen poch' ich bei dir an,
> Ich kam nur, für mein Lieb' zu flehen;
> Sie ist so lieblich — du harter Mann!
> Und du befiehlst ihr aus der Welt zu gehen.
> O lieber Tod, nimm mir mein Lieb nicht fort,
> Zu Weihnacht will ich dich reich beschenken,
> Am letzten Tage des Carneval
> Mit reichen Gaben dein gedenken.
> Zu Ostern komm' ich, bring' Kuchen mit,
> Und Brod und Wein und gute Speise;
> Und wenn du an schönen Kleidern dich freu'st,
> Ich lass' sie dir machen auch wohl von Seide! —
> — Er lacht' mir in's Antlitz, liess nicht sich erbitten,
> Die Sichel erhob er, sein Opfer zu haben,
> Hat die schönste Blüthe vom Baume geschnitten;
> Nun geh'n sie hin, mein Liebchen zu begraben.

> (Comparetti III. 260.)

Welch' ein ergreifendes Bild! In diesem Liede spricht Liebe aus jedem Buchstaben. Ein ebenfalls zur Legende der Baronessa di Carini gehörendes Bruchstück aus Venedig bringt noch eine andere, gleich charakteristische Variante.

> Verzweifelnd klopf' ich an die Pforte,
> Vielleicht nimmt mich die Hölle auf.
> Um eine Gnade bitte ich den Teufel:
> „Mich abzukühlen, thu' mir die Hölle auf!"
> Der Teufel gibt als Antwort mir zurück:
> „Das Thor ist zu, wird nimmer offen sein!
> Wenn jemand kommt, den Liebe quälet,
> Wir brennten alle, käm' er herein."
> Und als ich sah, dass er das Thor nicht öffne
> Aus Furcht, die Hölle möchte ihm verbrennen,
> Da ging ich, mich in's Meer zu stürzen,
> Ob es nicht meine grossen Qualen lösche,
> Ein grosser Sturm ist aufgestiegen:
> „Stürz' nicht hinein, mich trocknet deine Pein!"
> Nun will mich weder Meer noch Luft,
> Die Hölle selbst lässt mich nicht ein.
> Darum komm' ich zu dir mein Lieb',
> Sprich willst auch du noch mein Verderben?
> Grausame Türkin, fühlst du Mitleid nicht?
> Gib Heilung mir, und rette mich vom Sterben.
> Doch da du, Herrin, mich so schwer verwundet,
> So tödte mich, kannst du mir nicht vergeben.
> Mein Lieb', da dir gehört mein ganzes Leben,
> So quäle mich und gib mir Schmerzen,
> Trag' für dich alles, — trag' dich ja im Herzen.
> Gib du mir Qualen, gib mir Leiden,
> Kommt's nur von dir, — wird sich mein Herz d'ran weiden.
>
> (Comparetti III. 263.)

In dem letzten Gedichte wird die Geliebte nicht mehr in der Hölle gesucht, sondern der Bräutigam, welcher wegen der Treulosigkeit und Hartherzigkeit der Geliebten mehr als Höllenqualen leidet, geht aus

13*

Verzweiflung selber in die Hölle. Aber am Ende
wird doch die Geliebte auch für solche Herzensver-
stockung in der Hölle bestraft. So heisst es in einem
Liede aus Neapel:

Ich ging zur Unterwelt; man hiess mir: „Singe!"
Und all' mein Singen nahm ich nun zusammen.
Da war ein Mägdlein, lieblich anzuschauen,
Die brannte ganz in glühend heissen Flammen.
Ich sprach zu ihr: „Was hast du, Maid, begangen,
Dass dir so grosse Qualen zugemessen?"
Sie sprach zu mir mit Thränen auf den Wangen:
„Durch's Leben ging ich kalt und liebvergessen."

(Comparetti III. 265.)

Auch zwei toscanische Lieder können wir
noch zur Vergleichung mit den beiden letzten anführen.

Wie viele Zeit verlor ich, dich zu lieben,
Viel besser war's, zu Gott zu gehen!
Dann wäre mir das Paradies geblieben,
Und Heilige würden mir zur Seite stehen.
Doch weil ich mich von dir bezaubern liess,
Ward ich verstossen aus dem Paradies.
Weil „duftig' Veilchen" ich für dich entbrannt,
Bin aus dem Paradies ich nun verbannt.

(Comparetti III. 266.)

* * *

Ich ging zur Hölle, und kehrte wieder;
Mein Gott! Was war für Volk da drunten!
In einem Saal, von Kerzen hell erleuchtet,
Hab' ich mein Schätzchen auch gefunden.
Als sie mich sah, — froh kam sie auf mich zu,
Und sprach zu mir: „Mein süsses Leben du!"
„Ist die vergangene Zeit dir nicht bekannt,
Als du mich „Herzlieb" oft genannt?
Mein theurer Schatz, nun küss' mich auf den Mund,
Bis meine Gluth gestillt, mich küss'!

Lieb' Schätzchen, wie ist doch so süss dein Mund!
Verzeih' mir's, auch der meine ist süss.
Jetzt, theurer Schatz, da du mir einen Kuss gegeben,
Kommst du von hier nicht fort im ganzen Leben."

(Comparetti III. 266.)

Dies sind ungefähr die Hauptbruchstücke, welche
uns durch vielfache Zusätze und Abänderungen ent-
stellt und umgebildet, von dem ursprünglichen Epos,
von dem Salomone-Marini etwa 400 Verse aus allen
möglichen Volksliedern und Handschriften zusammengebracht hat, erhalten sind. Mag man nun an die
einstige Existenz eines solchen Epos glauben oder
nicht, — beweisen lässt sie sich jedenfalls nicht,
und damit fällt auch dieses Epos für Süditalien fort.

Die vorwiegend lyrische Begabung der Italiener
liegt auch in der Kunstdichtung überall klar zu
Tage. Zu einem wirklich nationalen Kunstepos sind
sie auch niemals gekommen. Die Lyrik dringt überall
zersetzend in das Epos ein, und Tassos „Befreites
Jerusalem" leidet am meisten an diesem Gebrechen.
„Die ruhe- und würdevolle Objectivität, also das Kennzeichen echter Epik, fehlt gänzlich, und Tassos
leidenschaftliche Herzensstimmung tritt überall so
lyrisch drangvoll hervor, dass seine Malerei zur
Musik wird, die Darstellung in lyrischen Accorden
versäuselt."*)

Kleinere, kürzere Lieder, vorwiegend lyrischer
Natur, aber mit Einfügung historischer Bemerkungen,
mit mehr oder weniger versteckten Anspielungen
auf historische Thatsachen, finden sich hier und dort

---

*) Scherr. allgem. Gesch. der Literatur. I. 322.

zerstreut in ganz Italien, sie sind aber zu unbedeutend, als dass wir sie einer Zusammenstellung würdigen sollten.

In die Klasse der historischen Lieder müssen wir auch die Heiligenlegenden rechnen. So populär nun auch manche Heiligenlegenden in Italien sind, so sind sie es doch nur selten oder niemals in den Formen, in welchen wir sie bei den Sammlern finden, sondern diese entstanden fast regelmässig in Gelehrtenstuben. Ausserdem sind diese Legenden durchaus langweilig und enthalten fast gar keine wichtigen Momente für die Illustration des italienischen Charakters. Einen wichtigen und umfangreichen Zweig der italienischen Volksliederliteratur, die satirische Poesie, haben wir schon theilweise bei der Betrachtung des Liebesliedes erwähnt, und da die Satire sich in Italien hauptsächlich auf die Themata aus dem Liebesleben beschränkt, so verweisen wir für diese Abtheilung auf jene Ausführungen.

Poetischer Anhang.

Keine Blume, keine Rose,
Gleichet meinem Mägdelein.
Sie ist wie am nächtlich dunkeln •
Himmel eines Sternleins Schein.

Friuli.   (Gortani. p. 21.

* * *

Hab' lange mehr kein Wort von dir vernommen,
Nun ist das Schweigen endlich doch beendet.
Die Engel sind vom Himmel hergekommen,
Zum Frieden haben sie den Krieg gewendet.
Die Engel Gottes stiegen zu uns nieder,
Und brachten meinem Herzen Frieden wieder.
Der Liebe Engel sind herabgestiegen,
Den Frieden liessen sie mein Herz besiegen.

Toscana.   •   (Tigri. 807.)

* * *

Wohl tausend Mädchen sah' ich wandeln,
Bin oft weit in die Welt gekommen.
Sah' Frankreichs Frau'n und auch in andern Landen,
Neapel, Rom hab' ich der Mädchen wahrgenommen.
Doch, würd' ich zu den Sternen wallen,
Nie fänd' ich eine Schönheit, wie die deine.
Und kann dir wahre Liebe, Schatz, gefallen,
Nie find'st du treuer eine, als die meine.

Paracorio.   (Comparetti III. S. 142.)

* * *

Du bist der Schönheitsbaum der Welt,
An Schönheit übertriffst du Jede.
Ein Silberbecher vor mich hingestellt,
Bist du, wie Orgelklang tönt deine Rede.
Des Honigs Süsse ist dein Eigenthum,
Der Schönheit Palme kündet deinen Ruhm;
Der Erde Blumen schliessen vor dir sich zu,
Schöner als die sieben Himmel bist du.
Die frommen Büsser verlockst du zu Sünden,
Die in den Wäldern einsam wohnen.
Doch will ich dir deine Fehler verkünden:
Dem, der dich liebt, willst du nicht Liebe lohnen.

Lizzanello.   (Comparetti III. S. 149.)
(Terra d'Otranto)   *   *   *

Als ich erfuhr, du liegest krank zu Hause,
Zog ich mich in die Einsamkeit zurück,
Lag auf den Knie'n in meiner Klause,
Und betete: Erhalte Gott mein Glück.

Avellino.   (Imbriani 82.)
                         *   *   *

Horch, was der Mönch zur Nonne sprach:
„Wie schön du ward'st mein Schwesterlein!
O fänd' ich dich allein im Gemach,
In Gottes Lehre weiht' ich dich ein."

Avellino.   (Imbriani. 113.)
                         *   *   *

Blume des Ginster!
Das ganze Thal schmückt sich mit Blüthen,
Wenn Nina tritt an's Fenster.

Umbria.   (Marcoaldi S. 52)
                         *   *   *

Den Tod sah Morgens ich erscheinen,
Als mein Geliebter schied vor wenigen Tagen.
Da musst' ich lange bitter weinen,
Konnt' ihm vor Schmerz kein Wörtchen sagen.
Konnt' ihn nicht fragen: „Wohin gehst du Lieb?
Wann wirst du wieder bei mir sein?"
Konnt' ihn nicht fragen, „Wohin eilst du Lieb?
Wann kehrst du wieder bei dem Liebchen ein?"

Umbria.   (Marcoaldi. S. 60.)
                         *   *   *

Mein theures Herz,
Ertrag' geduldig deine Qualen! — !
Mit Lieb' vergelt' ich dir den herben Schmerz.

Roma. (Blessig. 133.)

* * *

Du allein bist meine Freude,
Du allein bist all' mein Glück.
Ohne dich, wie könnt' ich leben
Ruhig einen Augenblick!

Friuli. (Gortani. 7.)

* * *

Welcher Tag und welche Stunde,
Fern vom Liebchen so zu leben!
Könnten wir nur Blicke tauschen,
Könnt' mein Herz die Hand ihm geben.,

Friuli. (Gortani. 9.)

* * *

Und ist mein Lieb in der Ferne allein,
So wünsch' ich mir, bei ihm zu sein.
In seinen Armen mich zu wiegen
Und selig an seiner Brust zu liegen.

Lombardia. (Casetti e Imbriani. Canti. di Somma Lomb. 3.)

* * *

Was hilft uns die Gelegenheit
Uns zu begegnen, süsse Maid!
Was nützt es, dass wir Blicke tauschen,
Darf ich doch deinem Wort nicht lauschen.

Sardegna. (Spanò. 12.)

* * *

Der Esel des Niclas.

Guter Gott, welch' Unglück wieder!
Eselchen liegt auf der Erden;
Was soll aus mir Armen werden,
Bleibt es todt am Boden hier.

Bleibt es todt am Boden liegen,
Dieses arme Thier — o Plage!
Wie wird's dann am Carnevalstage
Wer schafft dann die Suppe mir?
Ah, ah, Ah, ah!
Du armer Niclas ohne Esel
Wie ergeht es dir?

Helft mir, helft mir, liebe Leute!
Seht mich heimathlosen Knaben. —
Solch ein Unglück musst ich haben,
Niemand ging es so wie mir.
Lauft und holt den Arzt mir eilig,
Soll ihn mir zur Ader lassen!
Schnell! Hier heisst es schnell sich fassen,
Eilt, vielleicht noch hilft es hier.
Ah, ah, Ah ah!
Du armer Niclas ohne Esel
Wie ergeht es dir?

Heb' ihn auf, jetzt von der Erde,
Bei dem Kopf und bei dem Schwanze,
Ach zum Fest, zum lust'gen Tanze
Eil' ich, steht es auf mein Thier.
Half die Suppe mir verdienen,
Schöne Suppe, fette Kräpfel,
Kuchen, Torte, Liebesäpfel,
Blumenkohl verdient er mir.
Ah, ah, ah, ah!
Ach armer Niclas ohne Esel,
Wie ergeht es dir?

Denk' ich dran, dass es mir stürbe, —
O mein Thier, o welch' ein Kummer!
Trag' ich ihn zum letzten Schlummer
Weinend traurig. Armes Thier! —
Ach wie ist er schön und herrlich,
Seht, er wedelt mit dem Schwanze;
Auf zum Fest nun, auf zum Tanze,
Auf den Füssen steht er hier.
Ah, ah; Ah, ah!
Wie glücklich ist der Niclas,
Toll vor Freude wird er schier.

(Napoli.)

Komm' her, komm' her, mein Mädchen,
Bereitet liegt der Nachen!
Welch' schöne Fahrt wir machen,
Komm', lass uns eilig geh'n.
An Bord Guitarr' und Flöte,
Horch, wie sie lustig tönen;
Zur Seite meiner Schönen,
Sollt ihr mich immer seh'n!
Lera, lera, lera,
Zur Freude sind wir da!

Du siehst, des Windes Wehen,
Spielt leise ob den Wogen,
Der Vollmond kommt gezogen!
Sieh licht empor ihn geh'n.
An Bord Guitarr' und Flöte etc. etc.

Brumm, Brumm macht die Guitarre,
Zu, Zu die Violine,
Dri, Dri die Mandoline,
Horch' auf ihr Lustgetön.
An Bord Guitarr' und Flöte etc. etc.

(Napoli.)

* * *

Weshalb befällt dich Bangen,
Siehst mich vorüber gehen?
Mein Lieb was ist geschehen,
Darf ich nicht dein mehr sein?
Verflucht sei jene Stunde,
Die dich mir einst gegeben. —
Hab' dir Leib und Seel' ergeben,
Doch du, — du denkst nicht mein.

(Napoli.)

Rosina.

Dort drüben hinter'm Walde
Lebt eine schöne Maid.
Ihr Vater und ihre Mutter,
Woll'n, dass die Schöne freit.

Sie soll einen Prinzen nehmen,
Des Kaisers jungen Sohn.
— Ich will weder Prinz noch König,
Noch einen Kaisersohn.
Gebt mir den Jüngling dort,
Der im Gefängniss steckt. —
O Tochter, meine Tochter,
Das ist für dich kein Mann.
Um die elfte Stunde morgen,
Wird man ihn sterben lan. —
Und tödtet man den Jüngling,
Wünsch ich den Tod herbei.
Und dass sie ein Grab uns graben,
Das weit genug für drei.
Und neben Vater und Mutter
Mein Platz beim Liebsten sei.
Und Rosen und Blumen pflanze
Man auf den Hügel der Gruft,
Damit die Vorübergeh'nden,
Sich laben an ihrem Duft.
Sie sagen: „Aus Liebe starb sie,
Die Schöne in dieser Gruft."

Piemonte.   (Nigra. 193.)

*   *   *

Das Waldvögelein.

Das Vöglein aus dem Walde,
Fliegt fröhlich fort feldein.
Dann lässt sich's nieder zur Ruhe,
Auf der Schönen Fensterlein.

Da fängt es an zu singen,
Wohl einen Liebessang.
Die Schöne hört es singen,
Sie war im Herzen krank.

Und sie beginnt zu seufzen,
Ruft ihm die Worte zu:
„O Vogel, schöner Vogel,
Wie glücklich bist doch du!"

Du kannst dich fröhlich schwingen,
Wohin dir steht der Sinn,
Indess ich mit starken Ketten,
Hier fest gebunden bin.

Ich hab' erst gestern gefreit,
Und heut ist's mir schon leid,
Es lebe die Freiheit,
Und wer sie geniesset,
Denn nur in der Freiheit
Geniesst man die Zeit.

Venezia.   (Marcoaldi. S. 57.)

Mitten im Meere schiff' ich, und sinke nicht unter;
Mit den Türken kämpf' ich, ergebe mich nicht.
Verginge die Welt, und stürzte der Himmel herunter —
Die Treu', die ich dir schwur, ich breche sie nicht.

Spinoso   (Comparetti III, 71.
(Basilicata.)

* * *

Die Liebeskrankheit.

Nein Mütterchen, mir ist so weh', —
Wär' mein, was da im Garten ist. —
Dort ist ein kleines Salätlein,
Wenn du es willst, ich geb' es dir. —
Nein Mütterchen, nein Mütterlein,
Das hilft nicht gegen die Schmerzen mein.

Mein Mütterchen, mir ist so weh',
Wär' mein, was da im Garten ist. —
Da steht ein Pflänzlein Blumenkohl,
Wenn du es willst, ich geb' es dir. —
Nein Mütterchen, nein Mütterlein,
Das hilft nicht gegen die Schmerzen mein.

Mein Mütterchen, mir ist so weh',
Wär' mein, was da im Garten ist. —
Mein Töchterchen, ein Jüngling ist's,
Wenn du ihn willst, ich geb' ihn dir.
Ja Mütterchen, ja Mütterlein,
Der wird mich von dem Schmerz befrei'n.

Piemonte.   (Gianandrea. S. 263.)

Die Schäferin.

Am Meeresstrande drunten
Sass eine Schäferin.
Es weideten im Grase
Die Ziegen um sie hin.
Da kam ein junger Ritter,
Der sprach: „Du schöne Maid,
Gib Acht auf deine Ziegen,
Der Wolf ist gar nicht weit.
Geh' immerhin, Herr Ritter,
Ich bin ganz sicher hier,
Wenn ich den Wolf seh' kommen,
Fürcht' mich nicht vor dem Thier.
Der Wolf kam aus dem Walde,
Kam heulend in wildem Lauf,
Und frass der armen Hirtin
Die Hälfte der Ziegen auf.
Die Schöne begann zu weinen,
Sie weinte gar so sehr,
Die Hälfte der Ziegen hatte,
Sie in der Hürde nicht mehr.
Zurück kam d'rauf der Ritter,
Und theilt' mit dem langen Schwert
Des Wolfes Bauch, — die Zicklein'
D'raus sprangen unversehrt.
Sieh' Schöne, deine Ziegen,
Zur Hürde treibe sie nun.
Du musst für meine Güte,
Auch eine Gunst mir thun.
Und was ist eu'r Verlangen? —
Eine Dorfmaid bin ich nur.
Doch geb ich gern euch, wollt ihr Sie,
Die Wolle meiner Schur.
Ich bin kein Kaufmann schöne Maid
Wollhandel treib' ich nicht, — nein.
Doch wünscht' ich mir wohl einen Kuss
Auf's rothe Mündchen dein.
Sprecht leise, lieber Herr Ritter,
Sprecht leise, dass Niemand uns seh'!
Ich hab noch keinen Freier
Doch ledig bleib ich nimmermeh! —

Le Marche.   (Gianandrea S. 269.)

Der Verurtheilte.

Bin gekommen von Ancona,
Um zu gehn nach der Romagna.
Das Erkenntniss ist gesprochen
Und zum Tode muss ich gehn.
Muss ich in den Tod gleich gehen
Muss ich doch unschuldig sterben.
Was nun wohl die Leute sagen
Von so harter Grausamkeit?
Seht, da kommt ein Kapuziner
Trägt den Bart als Franziskaner,
Kommt mit Stola und Crucifix,
„Sohn,“ sprach er, „ich rette dich.“

Venezia.   (Bernoni IX. 11.)

Die treulose Gattin.

Gevatterin, meine Gevatterin,
Lasst mich mit euch doch schlafen gehn. —
Gevatter, lieber Gevatter mein
Macht's wie ihr wollt, es mag gescheh'n. —
Gevatterin, meine Gevatterin,
Euer Gatte, wohin ging er?
Mein Gatte ging wohl auf die Jagd
Mit seinen Jägern fort. —
Ihr Gatte kam darauf zu Magd:
„Die Herrin sag', wo ging sie hin?“
Die Herrin ist drin im Gemach,
Sie ging ins Bett zur Ruh. —
Eine Schüssel Wasser nahm er dann
Und goss sie über's Bette ihr. —
Mein Mann ging aus wohl auf die Jagd,
Wird haben eine schlimme Nacht,
Denn der Regen mir ins Zimmer kommt.
— Auf Wiedersehn im tiefen Wald! —
Doch ihr Gemahl stand hinter der Thür:
— „Die schlimmste Nacht fürwahr hast du!“
Er zog darauf sein blankes Schwert
Und stiess es ihr ins Herz hinein.

Monteferrato.   (Ferraro. 5.)

Die Ehebrecherin.

Singe, singe Schäferin,
Sing' es mir zur Freude,
Jenes Lied, das du einst sangst
Bei den Schafen auf der Weide. —
Ganz gewiss, mein lieber Graf,
Ganz gewiss, ich sing' es schon.
Eure reiche Frau Gemahlin
Hatte einen schönen Sohn.
Fein gewaschen hat sie ihn,
Schickte ihn zur Taufe dann;
Endlich liess sie ihn ermorden
Sieh', ob sie es leugnen kann?
Darauf ging die Grossmama
Hinaus auf den Balcon.
Just der Fürst vorüber ging,
Kommend von Lyon. —
Tochter, liebe Tochter du
Komm' eilend her zu mir.
Sieh' der Herzog dein Gemahl
Von Lyon schon ist er hier. —
Mutter, theure Mutter mein,
Bitt' euch, helft beim Anziehn mir.
Helft mir nur dies einz'ge Mal
Dann nimmermehr, dann nimmermehr. —
Tochter, liebe Tochter mein,
Die Wahrheit sage mir . . . .
Der Graf zog aus der Scheide das Schwert,
Ins Herze stiess er's ihr.

Monteferrato.   (Ferraro 4.)

Wir erinnern hier noch an das weltbekannte
napoletanische Volkslied „Santa Lucia," das sich aber
jeder vernünftigen Uebersetzung in Versen durch die
Unnachahmbarkeit seiner Schlussreime im Deutschen
entzieht. Ueber Text und Melodie desselben sei auf
Anm. 3 verwiesen.

Hier finde noch ein Lied Platz, das allerdings

von T. Cottrau herrührt, aber in Neapel im wahren
Sinne des Worts zum Volksliede geworden ist, cf.
Anm. 3.

Addio mia bella Napoli
Addio, addio.
La tua soave immagine
Chi mai scordar potrà.
Del ciel l'azzurro fulgido,
La placida marina,
Qual core non inebbria
Non bea di voluttà.
In te la terra e l'aura
Favellano d'amore
Te sola al mio dolore
Conforto io sognerò.
Addio mia bella Napoli!
Addio care memorie
Del tempo che passò!
Tutt' altro ciel mi chiama
Addio, addio!
Ma questo cor ti brama
È il cor ti lascerò.
Di baci e d'armonia
E l'aura tua ripiena
O magica Sirena
Fedele a te sarò.
Al mio pensier più teneri
Ritornano gl' istanti
Le gioje e te memorie
De' miei felici dì.
Addio mia bella Napoli!
Addio care memorie
Del tempo che fuggì.

Toscana.

Avanti che ti lassi, fior di lino,
Tutte le lingue morte parleranno,
E le fontane getteranno vino,
I poggi d'oro si ricopriranno.
— Se si ricopron, lasciali coprire;
Per te son nata, per te vo 'morire:
Se si ricopron, lascial coprir forte;
Per te son nata, per te vo 'la morte.

(Tigri 417.)

* * *

L'ho visto andar pel cielo un nuviletto:
A spasso andava per amor del sole.
Quando che vedo voi, bel giovinetto,
Credo pel vostro amor, che uscite fuore.
Quando di casa vostra uscite fuori
Vi fanno il laccio le rose co' fiori:
Quando di casa vostra fuori uscite,
Vi fanno il laccio le rose fiorite.

(Tigri 420.)

* * *

Mandami a salutar per chi tu vuoi:
Buona risposta da me l'averai.
O dagli amici o da' parenti tuoi:
Sempre col buon voler mi troverai.
O dagli amici o da' parenti stessi
Ti mantengo l'amor che ti promessi.

(Tigri 423.)

* * *

Passa que' colli e vieni allegramente,
Non ti curar di tanta compagnia;
Vieni pensando a me segretamente,
Ch' io ti accompagno per tutta la via.
Io ti accompagno per tutta la strada;
Ricordati di me, speranza cara.

(Tigri 441.)

* * *

Quando passaste il poggio, anima mia,
Credevo quasi morta di restare.
Sempre divevo nella mente mia,
Che qualche volta dovevi tornare,
Or che se' torno, contento è il mio core,
Deccoci insieme a ragionar d'amore.

(Tigri 723.)

* * *

Speranza del mio core eri una volta,
Or ti se' fatto speranza d'altrui;
Non ti ricordi più di quella volta
Ch' eramo innamorati tutti e dui?
Non ti ricordi più di que' be' giorni?
Tempo passato, perchè non ritorni?

(Tigri 934.)

* * *

Morte crudel, che disturbando vai,
Coi neri lacci tutto il mondo cingi;
Dove non se' chiamata, tu ci vai;
Dove chiamata se', sorda ti fingi.
Morte crudele, morte traditora,
Tutti li fai contenti, da me 'n fuora.

(Tigri 1138.)

* * *

Le Marche.

Si vo alla chiesa pe' pregà' 'l Signore,
L' uocchi de qua e de là cerca l' Amore;
Sì vo alla chiesa pe' pregà' li Sante,
L'uocchi de qua e de là cerca l'amante.

(Gianandrea. S. 23, 57.)

* * *

14*

Lo vai dicenno, che io t'ho legato;
'N do' vuoi che le trovassi le catene?
E le catene non era d'acciaro;
Era de ben volere, amante caro.
E le catene non era de fero,
Era de ben volere, amante vero.

(Gianandrea. S. 28, 77.)

*   *   *

Sull' albero d'amore feci un sogno;
Ma poi m'arrisvegliai con gran disdegno;
Io me credea d'esse' felice un giorno . . .
Vinne la morte, e me guastò 'l disegno.

(Gianandrea. S. 55, 54.)

*   *   *.

Fiore de riso;
Tu che l'alma dal petto m' hai cavato,
Bella, venuta sei dal paradiso.

(Gianandrea. S. 86, 180.)

*   *   *

Oh conta quante stelle, quante stelle,
Vedi, se te dà l'animo a contalle!
Bella, le pene mia, so' tutte quelle.

(Gianandrea S. 93, 228.)

*   *   *

Piemonte.

Fàti a lo barcun, desideraja,
Ti sei pi bela, che ant ir mund u sia;
Da titte ir part dir mund sei numinaja,
Sei numinaja pr'ina bela fija.

(Ferraro. S. 137, 8.)

*   *   *

O mama, maridème, chè sun granda,
Ir me scusà mi riva a meza gamba.
S'u riva a meza gamba, lo giuntrumma,
Quandi ch'u sarà temp ti maridrumma.

(Ferraro. S. 149, 69.)

* * *

Titti mi diso, titti mi stradiso,
Che a maridèse s' trova ir paradiso;
L' è tantu tempu che sun maridata.
Ir paradiso non l'ho ancur trovato.

(Ferraro, S. 158, 111.)

* * *

Gessopalena.

Amami, bell', e non ti sconfidar'!
Pe me tu ha' da soffrì 'mill 'sconfort'!
Ma nen pozz' far' di men' d' amart';
Sol' pe amà' a tej, suffrì' la mort'.
Se tu fidel mi se' da ogn' part',
Fidel'ti sarò fin' a la mort'.
So' mort', bella mi' pe' gran dolor',
Sol' pe' sta a sentì' l'aspr' tu pene;
Muovet' pe piatà, gran Di' d'amor',
Sciojj la bella mi 'da 'ste catene!

(Compar. und Imbr. II. S. 9.)

* * *

Ca mi scì lassat'
Nin mi n'import';
Nin ci pens' nient' affatt';
Picchè n' atr' m' n' ajo truat',
Chiù bellucce, chiù de taj.
Chiù bellucce, chiù carucce,
Chiù sincer 'a fa' l'amor'.
M' ha dunat' lu pett' e l' cor';
'Ntant 'che camp' l'amirò.

(Compar. und Imbr. II. S. 17.)

* * *

Bergamo.

O Piacenti, che vien de la Piacenza,
Disimi un po' l' amor dov' el comenza?
— L'amor comenza a ridar e a scherzà',
E po 'el finiss a pianz e sospirà'.

(Compar. und Imbr. II. S. 43.)

*   *   *

Campagna di Roma.

Vorrei fare un bel cambio d'amore,
Doname lo tuo core, eccote 'l mio:
Sarai tu del mio cor cura maggiore,
Cura maggior del tuo sarò ancor io.
Oh che dolce parlar de core a core,
Intendere ogni speme, ogni desio!
Semo due cori ristretti in un core.
Quel che lo vuoi tu, lo voglio anch'io.
Vorrei fare un bel cambio d'amore,
Donami lo tuo core, eccoti il mio.

(Compar. und Imbr. II. S. 112.)

*   *   *

Basilicata.

Oh quante vote mm 'hai fatto venire
Sotto 'sta tua finesta a sospirare.
Mm 'hai fatto consumà 'da li suspiri,
Non t' hai voluto 'na vota arranzare.
Arranzati 'na vota pe' gentilezza,
Doj' parole t' voglio addumannare.
Dimmi si fa pe' mmi la tua billezza,
Sinonca mmi nni voglio alluntanare.
— La mmia billezza no' la puoi avere,
Ca sì' fraschetta, e no' la sai godere.

(Compar. und Imbr. II. S. 196.)

*   *   *

Calabria.

Paci a 'stu mundu non si poti aviri,
Cuntentizza nun po' sempri durari;
Ognunu va circandu di gudiri,
Vera filicità non po' truvari.
E chista è la paccia di non sapiri
Chi tutti ccà nascimmu pi' penari!
Ogni cuntentu a fini ha da veniri,
Cu' lu chiantu va tuttu a terminari.

(Compar. und Imbr. II. S. 250.)

*   *   *

Puglia.

Eccume prontu, allu mmiu viaggiu arrivu,
L' albi su 'scuri e li celi su' notte.
Addiu, cari parienti; amici, addiu!
Mme perdunati ci su' giuntu notte;
Per amare 'sta donna giungu iu,
Nu' l'abbandunu, no, fenc' alla morte.
Jeu' pe' zengale de l'amore mmiu,
Mintu la vita 'nnanzi a quiste porte.

(Compar. u. Imbr. III. S. 418.)

*   *   *

Venezia.

Sangue de mi, la vogio risegare!
Ne la camara tua mi voi vegnire;
Voi tanto strensarte e tanto braziare,
Che ne le brazie tue mi voi morire.

(Bernoni II. 24.)

*   *   *

Fiorin di poi.
E quando finiranno i nostri guai?
Quando, carino mio sarem me e voi.
Ma quanno, quanno?
Quando, bellino mio, sarem me e voi,
Ma tutto l'anno.

(Marcoaldi S. 57.)

*   *   *

Napoli.

Va muore int' a no vuosco disperato,
Già che la grazia mia tu l'aje perduta.
Ire da chisto core tanto amato,
La gente rommaneva nzallanuta:
Tutto sto male mio tu nce aje corpato
Pe chesta mala capo ch' aje avuta,
Te vaje vantanno che tu m' aje lassato,
Chiagne, misero te, che m' aje perduta.

* * *

Vorria sapere comme ve chiammate?
Mme chiammo Sanacore, e che bolite?
E già che sanacore ve chiammate,
Sanateme sto core se potite.
    (Chiurazzi: Spassatiempo. Napole 3. giugno 1877.)

* * *

Sicilia.

Su addivintatu favula a li genti'
Servu pri esempiu all' infilici amanti.
Tu surda cchiù d'un muru 'un senti, nenti.
Mancu si ferru fussitu o diamanti:
Azzappu all' acqua, e siminu a li venti,
Comu squagghia la nivi, iu squagghiu 'in chianti;
Su 'na farfalla, chi si abbrucia e 'un senti,
Leta ca mori a la so xhiamma avanti.

    (Vigo. 3047.)

Erläuterungen.

1) Vom Piedigrottafest des Jahres 1875 stammt das folgende Lied,
das sehr schnell in Neapel und der Campagna populär wurde.

· Fronna de fico
L'ammore voglio fa, nennè, co ttico.
Zompa lla-ri, lli-ra,
Non è cchiù mia;
Zompa da ccà e da llà,
De chi sarrà?
Fronna de rosa
Nennè, vamme dicenno quarche cosa!
Zompa etc.
Fronna d'amenta
Tu saje comme p'ammore s'addeventa.
Zompa etc.
Fronna d'aruta
Tengo na sciamma mpietto, e chi la stuta?
Zompa etc.
Fronna d'arance,
Sulo nennella mia tene li ciance.
Zompa.
Fronna de torze
Vorria magnarte nenna, a morze a morze.
Zompa etc.
Fronna de piro
Guardame, nenna mia, vì che mo spiro
Zompa etc.

Fronna de mele,
So muorto. Ah! chi m'allumma le ccannele?
Zompa etc.
Fronna de marva,
Sulo lo bene tujo, nennè mme sarva!
Zompa etc.

2) Ueber die Feier der Feste (Kirchenfeste) in Süditalien liessen sich allein ganze Bücher schreiben. Wir wollen hier nur auf einige derselben hinweisen. Zunächst das Weihnachtsfest.

Die Bedeutung, welche dieses Fest für uns Deutsche und unsere nordischen Nachbaren, die Schweden und Norweger hat, besitzt es bei den Italienern durchaus nicht. Von dem Range eines Hauptfestes sinkt es hier zu einem ganz untergeordneten Festtage herab. Der Himmel ist hier zur Weihnachtszeit ein andrer als jenseits der Alpen; die Sitte ist es auch. Für die Italiener fällt ein Reiz fort, den das Weihnachtsfest auf die nordischen Bewohner ganz entschieden ausübt, nämlich der, für eine in Eis und Schnee erstarrte Natur einen Ersatz im Zimmer an dem frischen Grün der Tanne zu haben, sich ein Stück Frühling in den kalten Winter hineinzuzaubern. Hier hingegen lassen Eichen, Lorbeeren, Myrthen, Pinien und Cypressen mit ihrem dunkeln immergrünen Laube gar nicht den Gedanken aufkommen, dass der Tod die Natur befallen habe. Die verschiedenen, üppig wachsenden Gemüse in den Gärten, die Rosen und hundert andere Blumen erinnern an den Frühling. Die Goldorangen und Citronen, die gerade jetzt im dunkeln Laube glühen, scheinen noch auf den Herbst zu deuten. Frühling und Herbst reichen sich hier nur für kurze Zeit die Hand. Zwar kommen Tage dazwischen, wo der Scirocco furchtbar tobt, die Wogen des Meeres mit einem Geräusch wie das dumpfe Rollen des Donners, oder wie Kanonenschüsse sich am Strande brechen, Blitz und Donner durch die Lüfte fahren und der Regen in Strömen herabgiesst. Auch der Vesuv und die Apenninenketten werfen sich wohl von Zeit zu Zeit den Schneemantel um die Schultern, aber in der Ebene ist's warm und Alles grünt. Der schöne Himmel hüllt die ganze Landschaft in die duftigsten Farben. Und da der Italiener eine schöne Natur draussen hat, so sucht er sie nicht im Innern des Hauses künstlich herzustellen.

Und fragst du einen italienischen Knaben, weshalb wir Weihnacht feiern, so antwortet er: „Perche fù nato il bambino." Der Italiener kennt Christus nur als „bambino," als Kind in der Krippe. Sein späteres Leben ist für ihn so gut als gar nicht vorhanden, und damit geht ihm auch seine Lehre verloren. Die Madonna vertritt hier seine Stelle; sie ist dem italienischen Landbewohner der Inbegriff aller Religion. Vor ihrem Bilde, das an jeder Strassenecke prangt und jedem Vorübergehenden eindringlich ein „dite Ave Maria" zuruft, zieht er bescheiden seinen Hut.

Um das Weihnachtsfest in Italien kennen zu lernen, muss man in die Kirchen und auf die Strasse gehen.

Jede Kirche ist zum Weihnachtsfest geschmückt. Die Ausstattung ist in allen dieselbe, nur nach den Mitteln derselben verschieden. Interessant ist die Feier aber nur in den Kirchen, in welchen in der heiligen Nacht Messe gelesen wird. Einer solchen Feier wohnte der Verfasser in einer kleinen Kirche Resinas bei.

Das Volk strömt trotz der ungelegenen Zeit — es ist 1 Uhr Nachts — in Schaaren herein. Bald ist die ganze Kirche vollgepfropft. Aller Augen sind mit gespannter Aufmerksamkeit auf eine Nische der Kirche neben dem Altar gerichtet, in der sich der Festapparat befindet. Jedermann harrt auf die Priester, doch die lassen noch eine Weile auf sich warten, und wir wollen deshalb, um die Zeit nicht ungenützt vorübergehen zu lassen, die Arrangements näher besichtigen. Künstliche Felsen aus Pappe nehmen die ganze Nische von unten bis oben ein. Der Priester, welcher die ganze Scenerie aufbaute, besitzt entschieden künstlerisches Gruppirungstalent. Moos, Baumzweige und kleine Pflanzen der Agave mexicana ersetzen die Vegetation, wo sie nicht gemalt ist. Die ganze Gebirgslandschaft ist von Schluchten mit Wasserfällen durchbrochen. Ueberall drängt sich das Volk und die verschiedenen Gruppen der halbmannshohen Figuren sind in mannigfachen Situationen gruppirt. In eine Grotte tritt eiligen Laufs ein Hirt und verkündet die frohe Botschaft. Die Hörer gerathen in Staunen. Einige sind von den Bänken aufgesprungen und legen die Hand ans Ohr, denn die Botschaft scheint ihnen unbegreiflich. Auf der Landstrasse wird ein Vorübereilender nach dem Grunde seiner Hast gefragt und gibt forteilend halb unbegreifliche Antworten. Droben auf einer Platte des Felsens lagern die Hirten bei den Heerden. Der Engel der frohen Botschaft schwebt hernieder und in der Mitte des ganzen Bildes ist eine grosse

weit offene Grotte, — sie birgt Joseph und Maria, Ochs und Esel.
Bethlehem liegt im Hintergrunde am Felsabhang und die ganze Luft,
welche die Höhle umgibt, wird von einer Schaar von Engeln umschwebt, alle aufs Sauberste gekleidet. Am Eingang der Höhle knieen
neben den Hirten, die unzweifelhaft abruzzesische Pifferari und Zampognari sind, die heiligen drei Könige und breiten ihre Geschenke aus.
San Giuseppe hat auffälligerweise in allen Bildern dieselbe Physiognomie, während das Gesicht der Madonna in jeder Kirche ein anderes ist, von der blühendsten, mit Edelsteinen übersäten Jungfrau, bis
zur Schrecken erregenden Fratze. Jeder Maler hat eben seine Madonna
gemalt. Sie hat trotz Rafael ihren Phidias oder Polyklet nicht gefunden. San Giuseppe hingegen ist ein gemüthlicher Herr, Bart und
Haar sind gut gepflegt und in seinen Mienen liegt eine gewisse
Schüchternheit, die jedoch auch manchmal in das Gegentheil umschlägt.
Wenigstens hat ihn der Padre Rocco seinen Napoletanern so gemalt.[*]
Für gewöhnlich hat S. Giuseppe einen etwas spärlichen Haarwuchs. —
Maria sitzt neben ihm auf einem Felsstücke und hält in der Linken
ein feines Linnentuch. Aber kein Kind ruht auf ihrem Schosse. Dieses
muss erst noch geboren werden.

Nach einer Stunde Wartens erscheinen denn auch endlich einige
Priester mit ihrer Begleitung von Chorknaben. Die Geburt Christi
naht heran. Die Scene wird realistisch genug, und nur italienische Damen
möchten sie mit Ruhe anzuschauen im Stande sein. Die Geburt wird
an einem Priester vollständig nachgeahmt, während die Gemeinde auf
den Knieen liegt. Unter Glockengeläut wird das Kind geboren und
in die Krippe gelegt. Aber nun muss es auch begrüsst werden. In
Gestalt eines grossen Regenschirms erscheint ein rother Baldachin, unter
dem die Wachspuppe von dem Priester durch die Kirche getragen
wird, damit jeder sie küssen könne. Endlich hat jeder das Kind unter den
Klängen eines Walzers, der von dem Orgelchor herabtönt, und unter
dem eintönigen, näselnden Gesange einiger Priester geküsst. Der Baldachin-Regenschirm wird zugemacht, und nun soll es an die eigentliche Messe gehen. Ich beneidete den Letzten nicht um den Kuss und
verschwand deshalb, bevor die Messe begann.

Dass der Kirchensäckel bei dieser Feier auch nicht zu kurz

---

[*] Alexandre Dumas: Il corricolo.

kommt, ist selbstverständlich. Eins der gewöhnlichsten Geschenke sind grosse Wachskerzen, deren die Kirche viele gebraucht, und die immer im Ueberfluss vorhanden sind.

Nun ist das Fest aber auch zu Ende, denn was noch folgt, ist ein ganz rohes Vergnügen.

Schon in der heiligen Nacht, noch viel mehr am Weihnachtstage hört das Knallen in den Strassen nicht auf. Jeder, der einen Soldo übrig hat, verschwendet ihn für Pulver, das er in einem alten Mord-instrument auf offener Strasse nach Herzenslust verknallen darf. Man kann nicht hundert Schritt über die Strasse gehen, ohne unterwegs das Vergnügen zu haben, sich fünf bis sechs Mal einen Schwärmer um den Kopf sausen zu hören. Abends sieht man fast auf jedem Balcon ben-galisches Feuer. In den Gärten, auf den Höhen, in den Weinbergen, überall knallt und donnert es. Und wenn du am Weihnachtsfest durch die Strassen gehst und mehr als sonst angebettelt wirst, — lass dich nicht verleiten etwas zu geben, denn sonst hast du bald eine gute Schaar um dich, und deine mühsam erworbenen Soldi werden heute doch nur in Schwärmern angelegt. —

Aehnlich wie das Weihnachtsfest wird auch das Osterfest gefeiert, nur dass die Scenerie in der Kirche eine wesentlich andere ist.

Am Palmsonntage vertheilen die Priester in den Kirchen geweihte (aus Schilf geflochtene) Palmblätter.

Die glänzendsten Feste sind aber die Feste der verschiedenen Ma-donnen. Ich machte im Jahre 1875 das hundertjährige Fest der Schutzpatronin von Sora (in den Südabruzzen) mit. Die kleine Land-stadt (20,000 Einwohner) jubelte acht Tage hindurch. Das Festpro-gramm war sehr reichhaltig. Am ersten Tage Feier in der märchen-haft ausgestatteten Hauptkirche der Stadt. Die ganze äussere Orna-mentik der Kirche war mit kleinen Lämpchen behangen, die den ganzen Bau in leuchtenden Linien weit in die Nacht hinaus sichtbar machten. An den folgenden Tagen Feuerwerke, Wettrennen, Prozession nach dem nahegelegenen Carnelli, wo die S. Restituta lebte und starb. An der Prozession nahmen Tausende von Landleuten in ihrer malerischen Landestracht Theil. Dann folgten Concerte, musikalische und rednerische Vorträge zu Ehren der Madonna in den Kirchen; Professoren der Musik, Poesie und Beredtsamkeit waren aus Rom und Neapel anwesend und trugen seitenlange Lobgedichte und Legenden zu Ehren der S. Restituta vor. In Summa soll die ganze Feier nicht weniger als 80,000 Lire gekostet haben. In Neapel sind die glänzendsten Kirchenfeste das des S. Gennaro, der Madonna del Carmine (in der Kirche liegt Conradin von Schwaben begraben) und das der Fischer in S. Lucia. Von dem alle Vorstellung übersteigenden Glanz der am Meeresstrande veranstalteten Feuerwerke, die zwei bis drei Stunden hindurch dauern, kann nur der sich ein Bild machen, der solche Feste gesehen hat. In Deutschland würde man so etwas ins Reich der Unmöglichkeiten setzen. Interessanter aber als alle vorher erwähnten Feste ist das der Madre Schiavona im Kloster des Monte Vergine zwischen Neapel und Benevento.

Das Kloster liegt etwa 3000 Fuss über dem Meere. Ein äusserst steiler Gebirgspfad führt zu dem in einem Sattel zwischen zwei Bergspitzen gelegenen Gebäude empor. Meilenweit kommt am Sonntag vor Pfingsten das Landvolk auf seinen Corricoli (zweirädrigen, phantastisch geschmückten Karren) nach Avellino, Ospedaletto und Mercogliano gezogen. Niemand darf Geld oder Metallgegenstände auf das Gebirge mitbringen; jeder versorgt sich für die Zeit mit Lebensmitteln. Der in die Kirche Eintretende kniet nieder und küsst den Boden auf den Knieen weiterrutschend bis zu dem in einer Seitenkapelle befindlichen alten byzantinischen Bilde der Madre Schiavona, von der man nur noch das Gesicht sieht, denn alle anderen Partieen des Bildes sind mit goldenen und silbernen Kronen, mit Smaragden und Geschenken „ex voto" übersät. Die Madonna ist hier eine grosse Heirathsvermittlerin. Auf dem Gebirge wuchert der Besenpfriemen (Sarothamnus scoparius) und alle Ruthen desselben sind zu Knoten geschürzt. Die jungen Mädchen und Männer flechten die Aeste des Strauchs zusammen und bitten dabei die Madonna: „S. Madonna, dammi un bello sposo oder una bella sposa (Heilige Mutter Gottes gib mir einen schönen Bräutigam, oder eine schöne Braut)" und das Mirakel soll sich in Jahresfrist erfüllen. Als ich einst mit einem Freunde das Kloster besuchte, thaten auch wir diesen Wunsch, und flochten zu den Millionen von Knoten zwei neue — aber die Madonna liess uns bisher im Stich.

In S. Antimo, in der Nähe von Aversa, sah ich etwas, den Passionsspielen im Oberammergau Aehnliches. Es wurde nämlich die

ganze Leidensgeschichte des S. Antimo in 12 Bildern scenisch dargestellt. Auf dem Platze vor der Kirche hatte man zu diesem Zweck
eine ungeheure Schaubühne hergerichtet.

3) Vergl. die Sammlung von Volksliedern von G. Cottrau (Napoli) Eco del Vesuvio, in der das Lied mit Noten abgedruckt ist.

4) Trotzdem die Sicilianer finster und ernster sind, als die Süditaliener, sind sie doch mindestens ebenso gesangeslustig als diese. Auf
meinen Ausflügen am Etna und in der Umgegend von Syrakus verstummte der Maulthiertreiber nur selten für einige Minuten.

5) Die Sammlungen alle aufzuführen, würde sich kaum der Mühe
lohnen, da die neueren die älteren oft stark ausgebeutet und fast über-
flüssig gemacht haben. Hier seien noch folgende hervorgehoben. N.
Tommaseo. Canti popolari toscani, corsi, illirici, greci. IV. Vol.
Venezia 1841—42. — S. Viale. Canti popolari corsi Bastia 1843. —
Dalmedico, Canti del popolo veneziano. Venezia 1848.

O. Marcoaldi. Canti popolari inediti umbri, liguri, piceni, pie-
montesi, latini. Genova 1855. — Costantino Nigra. Canti popolari del Piemonte. Torino. 1858—62. Achille Canale. Canti
popolari Calabresi. Reggio 1859. — Scipione Righi. Saggio di
canti popolari veronesi. Verona. 1863. — Bolza. Canzoni popolari
comasche. Vienna 1867. — Gortani. Saggio di canti friulani popolari. Udine 1867. — Angelo Arboit. Villotte friulane. Piacenza 1876. — De Nino. Canti popolari sabinesi. Rieti 1869. —
Giovanni Spano. Canti popolari in dialetto sassarese. Cagliari 1873.

6) Die arabischen Volkslieder aus vormuhammedanischer Zeit wurden gesammelt von Abu Temmam in der Hamâsa, die von Rückert
ins Deutsche übersetzt wurde.

7)   La luna s' è venuta a lamentare
     Inde la faccia del divino Amore;
     Dice che in cielo non ci vuol più stare;
     Chè tolto gliel' avete lo splendore.
     E si lamenta, e si lamenta forte;
     L' ha conto le sue stelle, non son tutte:
     E gliene manca due, e voi l' avete:
     Son que' du' occhi che in fronte tenete.

8) In einem deutschen Liebesliede heisst es ganz ähnlich:

Und wann der Himmel wäre Papier,
Und jeder Stern könnte schreiben hier,
Und schreiben die Nacht, bis wieder am Tag,
Sie schrieben der Liebe kein Ende, ich sag'!

9) Wir sind auf die zerstreuten Trümmer des griechisch-albane-
sischen Volksstammes in Süditalien und Sicilien nicht näher eingegangen,
einmal, weil sie einen zu kleinen Bruchtheil der Bevölkerung bilden;
dann weil sich ihre Lieder nicht besonders von denen der übrigen
Süditaliener unterscheiden. Natürlich finden sich noch viele Anklänge
an die Lieder ihrer ursprünglichen Heimat und auch viele Volkssitten haben sich bei ihrer Abgeschlossenheit Jahrhunderte hindurch
unverändert erhalten. Diese albanischen Gemeinden finden sich namentlich in der Gegend von Lecce und Gallipoli, bei Reggio und an einigen
Stellen Siciliens. Ihre Volksüberlieferungen (Volkslieder und Märchen)
hat gesammelt G. Morosi. Studj. sui dialetti greci della Terra d'Otranto.
Lecce 1870.

Es lebt bei ihnen noch das Andenken Scanderbegs und anderer
Helden Albaniens. In ihren Liebesliedern wird der Frau eine hohe
Stelle eingeräumt, und doch ist es merkwürdig, in welchem Zustande
von Sclaverei die Frau hier wirklich lebt. Cesare Lombroso bemerkt
darüber in der Rivista Contemporanea (December 1863) Folgendes:

„Vedendo quanta poetica parte si faccia nei loro canti alla donna,
non si potrebbe immaginare in qual triste conto poi sia tenuta nella
vita pratica. Eppure là non esce dalla schiavitù paterna, che per
raddoppiare, dei mali ceppi sotto il consorte, per cui deve lavorare e
sudare sui campi non ricevendone spesso a compenso che battiture ed
oltraggi. Nemici del lusso non permettono alle donne di indossare che
una sola veste rica in tutta la vita. La vergine se ne sta ritirata sempre
nell' angolo più riposto della casuccia paterna".

10) Die Satire ist in Italien lange nicht so beissend und giftig
als in Frankreich. Die Schmähgedichte der Italiener streifen viel
leichter an das Schmutzige und Gemeine, als an das Witzige. Vergl.
die Abschnitte bei Vigo etc. Comparetti III. S. 374 ff. u. a. m.

11) Tigri 78.

Sette bellezze vuole aver la donna,
Prima che bella si possa chiamare:
Alta dev' esser senza la pianella,
E bianca e rossa senza su' lisciare:
Larga di spalla, e stretta in centurella,
La bella bocca, e il bel nobil parlare.
Se poi si tira su le bionde trecce,
Decco la donna di sette bellezze.

12) Cf. Anmerkung 3.

13)   Fenesta che lucive e mo' non luce,
Segno è che nenna mmia stace' mmalata:
Ss' affaccia la sorella e che mme dice!
„Nennella toja è morta e ss' è atterrata!
„Chiagneva sempe che dormeva sula,
„Mo' dorme cu' li muorti accompagnata.“

Cara sorella mmia, che mme dicite,
Cara sorella mmia, che mme contate? . . .
„Guardate 'ncielo, si non mme credite,
„Purzì li stelle stanno appassionate:
„È morta nenna vosta, ah sì chiagnite,
„Ca quanto v' aggio ditto è beretate.“ —

„'Iate a la Chiesia e la vedite pure;
„Aprite lu tavuto e che trovate!
„Da chella vocca, che n'asceano sciure,
„Mo' n'esceno li vierme, o che pietate!“
Zi' parrochiano mmio, tienence cure,
Le lampe sempe tienence allummate.

Ah nenna mmia, si' morta, poverella!
Chill' uocchie tiene chiuse e non mme guarda!
Ma ancora all' uocchie mmieie tu pare bella,
Ca sempe t'aggio ammato e mo' cchiù assaie!
Potesse a io macaro mori' priesto,
E mm' atterrasse a lato a te, nennella!

25

Fenesta cara, addio! rieste 'nzerrata,
Ca nenna mmia mo' non sse po' affacciare!
Io cchiù non passaraggio da' sta strata,
Vaco a lu Camposanto a passïare,
'Nzino a lo juorno che la morte ingrata.
Mme face nenna mmia ire a trovare.

Auch in einem russischen Liebesliede wird in dieser Weise des Fensters gedacht:

Nach des Liebsten Fenster blicket
Sie so sehnsuchtsvoll:
Ach, fürwahr, es ist erkranket
Der Geliebte mein,
Denn noch immer bleibt verschlossen
Jenes Fensterlein.
Ganz mit schwarzem Tafft verhänget
Sind die Fenster dicht,
Und auf dem geschlossenen Fenster
Steht das Zeichen nicht etc.

P. v. Goetze.

14) Interessante Abhandlungen jeder Art über Volksaberglauben, Volkssitten und die Finger- und Geberdensprache der Süditaliener enthält das Buch von De Jorio, „mimica degli antichi." Napoli.

15) Unsere Ansichten könnten, wenn sie in Italien bekannt würden, vielleicht herausfordern, denn in gewissen Kreisen, in deren Mittelpunkt der Professor Imbriani in Neapel steht, ist man der deutschen Forschung über Italien nicht nur nicht hold, sondern man macht sich in lächerlicher Weise lustig über dieselbe. So fertigt u. a. Imbriani in seinen „Canti popol. avellinesi" S. 18 die Deutschen ohne weitere Beweise so ab: „e soprattutto e sempre a'tedeschi che voglion mettere il becco in molle nelle cose nostre." Der Herr Professor thut uns in seiner Verbissenheit gegen Deutschland leid, und Verbissenheit ist es, das sieht jeder, der das kennt, was er in jüngster Zeit über Goethe's Faust geschrieben hat. Gott sei Dank, es gibt in Italien auch Leute, die jede wissenschaftliche Leistung auch über ihr Vaterland zu schätzen wissen, sie mag kommen, woher sie wolle, wenn sie nur Gerechtigkeit

und Billigkeit zu ihrem höchsten Gesetze macht. Um nun aber nicht so ohne allen Grund Leuten, wie Imbriani in die Hände zu fallen, und Schmähreden gegen Deutschland hervorzurufen, setzen wir hierher die Aussprüche zweier italienischer Forscher auf diesem Gebiet.

Comparetti sagt im Märzheft der Antologia nuova von 1867, p. 607:

È un fatto ben noto che l'Italia, quantunque per le sui ragioni storiche occupi un posto si elevato fra i popoli di stirpe ariaca, è priva di un epopea nazionale propriamente detta, quale la posseggono la Grecia, l'India, la Persia, la Germania, la Brettagna e la Francia."

Pietro Fanfani im Maiheft der Nuova Antologia 1871, p. 122.

„Parrà strano a qualcuno il sentenziare cosi secco, secco che noi non abbiamo poesia popolare. Pero mettiamoci la mano al petto. Come poteva esserci poesia veramente popolare italiana, quando i popoli italiani erano l'uno all' altro come stranieri? La vera poesia popolare tratterà imprese e glorie nazionali non vagando per altro con le immagini o con le figure per mondi al popolo ignoti."

Verlag von S. Schottlaender in Breslau.

Nüchterne Briefe aus Bayreuth.

Von

Paul Lindau.

Achte

durch eine Vorrede des Verfassers vermehrte Auflage.

8⁰. Eleg. brosch. Preis ℳ 1.50. Fein geb. ℳ 2.50.

Ueberflüssige Briefe an eine Freundin.

Von

Paul Lindau.

Dritte Auflage.

8⁰. Elegant broschirt Preis ℳ 4.—; Fein gebunden ℳ 5.—

Unter der Presse:

Dramaturgische Blätter.

Neue Folge. 1875—1878.

Von

Paul Lindau.

2 Bände.

Harmlose Briefe eines deutschen Kleinstädters.

Zweite veränderte und vermehrte Auflage.

Von

Paul Lindau.

2 Bände.

Zu beziehen durch alle Buchhandlungen des In- und Auslandes.